Mi casa tu casa Folker Skulima – Ein Haus für die Kunst

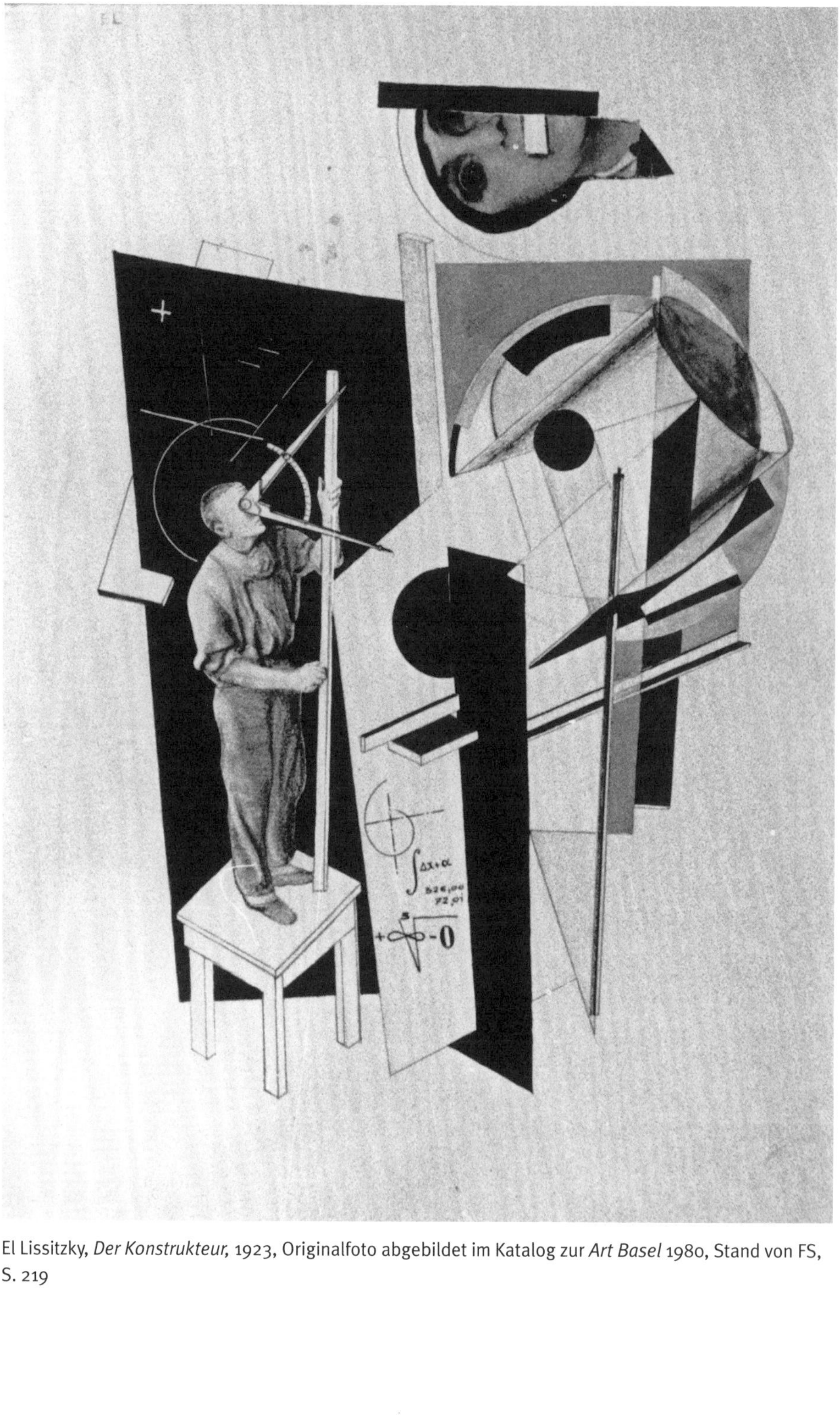

El Lissitzky, *Der Konstrukteur,* 1923, Originalfoto abgebildet im Katalog zur *Art Basel* 1980, Stand von FS, S. 219

Franz Maciejewski

Mi casa tu casa

Folker Skulima – Ein Haus für die Kunst

BRAUS

1

Die Berlinische Galerie, konzipiert als ein Museum für zeitgenössische Kunst, enthält in ihrer Sammlung ein einzigartiges Werk, eine Art Fossil aus den 70er-Jahren; einer Zeit, in der die Kunstszene aufwachte und der Frontstadt des Kalten Krieges auf eine andere Weise Luft verschaffte, indem sie eine Brücke zu der für lange Zeit ausgesperrten Moderne schlug. Im Rückblick war dies ein Pendelschlag im Dekadenrhythmus. Die Gründerjahre der 50er mit ihren schwerbeladenen Losungsworten wie »Informell«, »Tachismus«, »Lyrische Abstraktion« und »Abstrakter Expressionismus« waren vorbei. 1960 kam ein neuer Aufbruch mit »Zero« und »Nouveau Réalisme«, 1970 dann der geradezu schockhafte Durchbruch von »Minimalismus« und »Environment«, »Konzept- und Prozesskunst«. Ein neuer Ton lag in der Luft, der etwa in den *Statements* von Lawrence Weiner oder den *Paragraphs on Conceptual Art* von Sol LeWitt ausbuchstabiert werden konnte. Ein neuer Weg jenseits des Figuralen wurde beschritten, den zunächst nur wenige Galeristen bereit waren mitzugehen.

Bei dem in Rede stehendem Kunstwerk handelt es sich um das legendäre Environment *The Art Show* von Edward Kienholz: die artifizielle, mit hintergründigem Humor konzipierte Nachbildung der Vernissage in einer typischen Galerie der 70er-Jahre. Der Raum ist bevölkert von neunzehn Figuren, stehend die einen, sitzend oder auf dem Boden hockend die anderen, eine jede der Abguss einer (damals noch) lebenden, zur Kunstszene gehörigen Persönlichkeit. Zu ihnen zählen unter anderem Pontus Hultén, Direktor des neu errichteten Centre Beaubourg in Paris, der Berliner DAAD-Chef Karl Ruhrberg, der Opernstar Catherine Gayer, Eduardo Paolozzi, einer der Väter der Pop Art, der Düsseldorfer Kunsthallendirektor Jürgen Harten, aber auch drei der Kinder von Edward und Nancy Kienholz sowie eine enge Freundin der Familie, Edith (»Edie«) Rickey. Um das Kunstpublikum in Form einer Collage gruppiert findet sich Mobiliar und anderes Interieur:

Ed Kienholz und Edie Rickey, 1977

Bücherregale, ein Telefon auf einem Tisch mit Knabberzeug, *notabene* einige Bilder, die als Ausstellungsobjekte wie bei einer gewöhnlichen Kunstausstellung an der Wand hängen.

Das monumentale Kunstwerk, die Gruppe der neunzehn Gipsfiguren samt dem Beiwerk der materiellen Raumausstattung, ist Teil des musealen Bestands der Berlinischen Galerie – und von Zeit zu Zeit (während einer Ausstellung oder einer kuratierten Führung) begehbar. Begehbar, aber nicht erlebbar. Als ein erstarrtes Artefakt kann Ed Kienholz' Environment inspiziert und bestaunt werden, aber jedes »Reenactment« begleitet der bittere Beigeschmack, dass der inspirierende Zeitgeist der originären *mis-en-scéne* auf immer dahin ist. Was war sein Geheimnis? Worin bestand die Kraftquelle der realen Aufführung?

Ed Kienholz, der schwergewichtige Westcoast-Künstler aus Hope (Idaho), Mitbegründer der Ferus Gallery in Los Angeles und seit einigen Jahren Wahlberliner, hatte viele Jahre an seinem Werk herumgebastelt. Aus einem leichtgewichtigen Seitenwerk, das auf einen flüchtigen Insider-Scherz hinauszulaufen schien, wurde nach und nach eine komplexe und reflexive Objektkunst. Am Tag der Eröffnung der *Art Show* wollte er das Negativ der gegossenen Standardform einer Vernissage im Positiv einer wirklichen Galerie, in den Augen echter Vernissage-Besucher brechen lassen. Die von ihm geschaffene Kunstszene sollte durch die

The Art Show (Detail), in der Mitte sitzend Hilke Skulima, 1977

Wellen einer realen Besichtigung geflutet werden. Ein Triumph des Neo-Dada! Und ein Triumph der Berliner Kunstszene, denn die Eröffnung resp. Vorstellung dieses Gesamtkunstwerkes sollte in Berlin erfolgen.

Szenenwechsel: der Premierenabend in Berlin. Wir schreiben den 3. März 1977, ein Donnerstag. Ed Kienholz – unterstützt von seiner Frau Nancy und seinen Kindern Jenny, Chrisi und Noah – lässt auf den Einladungskarten verlauten: »Familie Kienholz braucht Ihre Hilfe, um die Art Show zu vollenden.« Kienholz rief und alle kamen. Der besondere Event zog nicht nur die Größen des lokalen Kunst-Establishments an, er war auch ein Magnet für die internationale Museumsprominenz. Im Gedränge der vom normalen Berliner Publikum überlaufenen Premiere sah man etwa die Direktoren des Modern Art Museum von Los Angeles sowie des Stedelijk Museum Amsterdam, aber auch die bereits erwähnten Pontus Hultén und Jürgen Harten. Die beiden Letztgenannten begegneten sich selber, erfuhren vis-à-vis ihrer in Gips gegossenen Dubletten das Spiel, das Ed Kienholz hier inszenierte: die (Selbst)Begegnung im Spiegelkabinett eines eitlen Kunstbetriebs. Das Ausgestellte als das leibhaftig Eigene. Und auch die ausgestellten Dinge führten eine Art von Doppelleben, allen voran die schautafelartigen Assemblagen, die aus Fotos von den Arbeiten an diesem Environment entstanden sind. Sie waren Beiwerk der *Art Show* und zugleich käuflich zu erwerbende Bilder der realen Vernissage.

Ed Kienholz' Ensemble der Neunzehn war gleichsam mit Blick auf den eingefahrenen, festgefahren Kunstbetrieb vor Schreck erstarrt. Ein Schreck über das immerwiedergleiche Ritual, über die Endlosschleife der blubbernden Sprechblasen, über das große Bla-Bla. Erwartete er postwendend das große Aha-Erlebnis bei den Hinzutretenden, dem interessierten Publikum der sogenannten *Artificial one-night opening* in den Galerieräumen der Niebuhrstraße 2? Hoffte er auf eine Katharsis der Affekte? Wohl kaum. Wir sehen ihn am späten Abend bei eben jenem Small Talk, der trotz der erfolgreichen Volte der gespiegelten Ausstellung nicht totzukriegen ist. Sehen ihn den Arm um die Schulter jenes Mannes legen, der im Tumult der großen Performance die diversen Fäden halten, mit ihnen dirigieren und führen musste, den Galeristen und Hausherrn dieser gewichtigsten Berliner Vernissage seit Langem – Folker Skulima. Er war es, welcher der *Art Show* den Halbpart des Lebens einflößte und mit dem strömenden Publikum die dazugehörige Geräuschkulisse lieferte. Berliner Luft und Idiom, die in Form einer aufgezeichneten Tonbandschleife überall zu vernehmen sein sollten, wo immer sich die *Art Show* zeigte, als nächste Station in Paris, im neu errichteten Centre Pompidou.

Wer war dieser Mann, dessen Name das erste Mal im Jahre 1969 bei der Galerieeröffnung in der Berliner Fasanenstraße aufleuchtet, als er in einer Einzelausstellung Arbeiten von Andy Warhol zeigte und in der Presse als Senkrechtstarter gefeiert wurde? Was hat ihn zu diesem bemerkenswerten Start-up befähigt? Der Weg zurück führt zunächst nach Spanien, wo in Sitges, einem Städtchen südwestlich von Barcelona, das Porträt des Galeristen als junger Mann erstmals und wie probeweise ins Relief tritt. Der Ort an der Costa del Garraf gibt sich bis auf den heutigen Tag gerne bunt und alternativ, ja ein bisschen verrückt. Dieses Licht zieht nicht nur Motten an, sondern ebenso jene künstlerischen Naturen, die sich gerne verpuppen und an Metamorphosen glauben. In dieser Hinsicht ähnelt er dem Küstenort Cadaqués an der weiter nördlich gelegenen Costa Brava, der heute weithin als Zeugungsort des spanischen Surrealismus gilt – der künstlerischen Bannmeile des Salvador Dalí.

Die Wiege des Kindes stand mitten in Deutschland, dessen Herren Krieg von unbekannter Grausamkeit führten – darin eingeschlossen den Feldzug gegen die künstlerische Moderne unter dem Schlachtruf »Entartete Kunst«. Dennoch war die Kindheit behütet, der Lage der Stadt wegen und dank der belebenden Luft der Casa. Skulima ist ein *homo heidelbergensis*, der das Glück hatte, in einer Familie zu Atem und Verstand zu kommen, in der nicht nur die Literatur, geschrieben wie verlegt, zu Hause war, sondern der befreiende Geist weiter kultureller Horizonte. Das prägte und formte den Heranwachsenden. Im Jahrzehnt nach dem Abitur (1958) bis zum Absprung nach Berlin sehen wir den jungen Mann im aufgeschlagenen Fächer seiner künstlerisch-musischen Begabungen seine unterschiedlichen Talente erproben. Dem Studenten der Germanistik und Romanistik war das universitäre Geviert von Anbeginn zu eng. Er versuchte sich als Kabarettist und Schauspieler, spielte als Bassist im Heidelberger Jazzkeller »Cave 54« (wo in seiner Zeit mehrmals Miles Davis gastierte), erlernte das publizistische Werkzeug im väterlichen Verlag und arbeitete nebenher als Filmjournalist, war beteiligt sowohl an der Gründung des Heidelberger Jazzclubs »Die Falle« als auch des dortigen Filmclubs. Mit dem Umzug nach Barcelona näherte sich diese abwechselungsreiche Experimentier- und Findungsphase ihrem Abschluss. Durch den Betrieb eines studentischen Reisebüros sowie einer Hotelpacht abgesichert, nahm er vor Ort noch einmal die Romanistik an, um jetzt im Spiegel der Alltagserfahrung seinen Sinn für die spanische Sprache und die mediterrane Kultur weiter zu schärfen.

In der Luft des nahe gelegenen Sitges sollte Folker Skulima schließlich seinen selbstgesponnenen Kokon verlassen und sich outen als der, zu dem er herangereift war und der er in seinem weiteren Leben zu sein wünschte: ein Galerist. Einer, der auf seine Art das harte Geschäft der Kunst betreibt. Der dafür einen eigenen Kunstraum einrichtet, in dem er nur sich selbst und den Künstlern, mit denen er zusammenarbeitet, verpflichtet ist. Der für lange Zeit vorgegebene Weg der Eltern, ein Weg mit den Zügen von Schrift und Texten, wurde am Ende (genauso wie es Robert Frost in seinem gleichnamigen Gedicht besungen hat) *The Road Not Taken*. FS nahm den anderen, den kaum begangenen Weg – und das hat den ganzen Unterschied gemacht. Freiheit hieß der Lohn für den Entschluss, das Leben an den Stern der Kunst zu binden.

In einem kleinen, auf einem Weinberg gelegenen Haus – dem Himmel so nah, dem kunstinteressierten Publikum so fern – wurde der Grundstein gelegt, um ihn herum ganz und gar handwerklich renoviert und erweitert. Glanzstück war eine alte *panera*, die samt einem auf sechs massiven Steinsäulen ruhenden Getreidespeicher im fernen Asturien abgebaut und an Ort und Stelle neu errichtet wurde. Im Zauber des wie umgewandelten Hauses ging der lang gehegte Wunsch in Erfüllung: Die erste Galerie war entstanden. Sie wurde nicht eröffnet, sie war einfach da und stand offen. Was sich anhört wie ein Beispiel aus der Welt alberner Einfälle, war nichts anderes als die Verneigung vor dem *Genius Loci*. *Mi casa tu casa*, so hieß das Losungswort für die potenziellen Kunstliebhaber und Käufer. Die seltsam anmutende Galerie war ein Musentempel, zu dem man finden musste. Und die vorhandenen Kunstobjekte wurden zunächst von Freunden auf Kommissionsbasis ausgeliehen. Etwa von Weggenossen aus Heidelberg wie Klaus Staeck und Pieter Sohl, die Blätter einer aktuellen Grafikedition beziehungsweise Bilder und Gouachen beisteuerten. Anderes, darunter Arbeiten von Will Faber und Josep Guinovart, wurde in Barcelona erworben.

Die *galeria paysana* auf dem Hügel oberhalb von Sitges war der erste Versuch in Sachen Kunsthandel. Sie war gewissermaßen der Probelauf für die Eröffnung einer Galerie in Deutschland, dies auch im Hinblick auf den notwendigen Kapitalerwerb für diesen zweiten Schritt. Die Rechnung ging auf. Ende September 1968 ist es dann soweit. FS begibt sich zunächst nach Kassel, um auf der *4. documenta* die deutsche Kunstszene, aber vor allem den internationalen Kunstmarkt kennenzulernen. Was ihn tief beeindruckt, das sind die unglaublichen Werke der Pop Art, vor allem jene aus der Factory des Andy Warhol, von dem in Kassel die Siebdrucke der *Ten Marilyns* (Marilyn Monroe) zum ersten Mal in Europa gezeigt werden. Für Skulima steht fest, dass Warhol, der in den Vereinigten Staaten längst als bedeutendster Pop-Art-Künstler gefeiert und als »Saint Andy« verehrt wird, nicht länger *ante portas* zu stehen hat. Er wird ein weiteres Mal die Tür öffnen.

Und wieder vor Ort in Berlin – nun verstanden als ein Zurück an den Start. In diesem Herbst hält FS die Ereigniskarte »Rücke vor auf Los!« in Händen. Nach der Episode in der spanischen Provinz wagt er den Sprung in die deutsche Großstadt. Los, das heißt: Auf geht´s. Los, das bedeutet: Was folgt ist ein Glücksspiel. Westberlin, gewissermaßen eine Insel auf dem Festland, war damals alles andere als eine Kunstmetropole im heutigen Sinn. Bundesrepublikanische Städte wie Köln, Düsseldorf oder München waren der abgeschnittenen alten Hauptstadt in Sachen *artes liberales* weit voraus. Politisch wurde die Stadt, in der sich durch die hautnahe Ost-West-Konfrontation der Mief der Adenauerära länger hielt als anderswo, gerade erst wach geküsst, unsanft, durch die Nadelstiche der Studentenbewegung. Aufbruch tat not und fand überall statt. Aber für einen gelungenen Start gerade in der noch schläfrigen Kunstszene brauchte es einen Schub.

Es ist einer von jenen glücklichen Zufällen, mit denen das Leben spielt, dass zeitgleich ein junger, nahezu gleichaltriger Geschäftsmann, der sein Geld im Immobilienhandel gemacht hatte, in der Stadt mit Plänen unterwegs ist, eine Galerie zu gründen – und dafür einen Galerieleiter sucht. Und nichts als ein weiterer Zufall, dass Skulima durch einen Tipp aus der Kunstszene vom Vorhaben des Reinhard Onnasch (so der Name des Quereinsteigers) erfährt und sofort reagiert. Er greift zum Telefon, man vereinbart ein Treffen in Berlin. Gesucht wie gefunden werden sich die beiden einig und kommen schnell zur Sache.

Der eine eröffnet in bester Lage (am Kurfürstendamm über dem Café Reinhard) »Deutschlands größte Galerie-Etage«, einen völlig neuartigen Kunst-Supermarkt von über 500 Quadratmetern. Der andere begibt sich mit einem Ford Transit auf Einkaufstour, nach Belgien, Frankreich und Nordspanien, um die diversen Räume und Kabinette zu füllen, vorzugsweise mit Werken zeitgenössischer Kunst. Doch schon bald zeigen sich die feinen Unterschiede. Onnasch will ein Angebot allein nach der Maxime der Verkäuflichkeit. Das reicht von Baumeister bis Olden-

Mi casa tu casa – Die erste Galerie bei Sitges, 1968

burg, von Macke bis Warhol, von Chagall bis Schwitters und Lichtenstein. Kunst kunterbunt, unsortiert von A wie Antes bis Z wie Zimmermann. »Alles, was in der Nationalgalerie hängt, kann man bei mir kaufen«, lautet sein kecker Slogan. Und tatsächlich hängt jedem Exponat ein Preisschild an. So kostet etwa eine kleine Frottage von Max Ernst (*Golfstrom*, 1926) 28.000 DM. Folker Skulima denkt und fühlt anders, nach den inneren Vibrationen des Kunstverstandes und dem Fingerspitzengefühl des Connaisseurs. Großartige Einzelstücke sind ein Genuss, gewiss. Aber eine Kunstsammlung ist keine Briefmarkensammlung. Letztlich geht es immer um den Aufbau von Werkgruppen. In diesem Sinne möchte er etwa ein Kabinett allein mit moderner spanischer Kunst bestücken. Ansonsten gilt seine Vorliebe der zeitgenössischen Avantgarde, in seinem Visier ist dabei vorzugsweise die Moderne der letzten 10 Jahre. Skulima ist prinzipiell kunstorientiert und nicht verkaufsorientiert; eine Einstellung, die sein ganzes Galeristenleben wie ein roter Faden durchziehen wird.

Als sich nach Zerwürfnissen die Wege der beiden wieder trennen, ist für FS die Zeit gekommen, endlich seine eigene Galerie zu gründen. Sie nimmt im Herbst 1969 Gestalt an, als ihm ein einzigartiger Coup gelingt – wo anders als im geliebten Katalonien. Einer seiner spanischen Freunde, Manolo Roldan, hatte damals von Salvador Dalí den Auftrag erhalten, nach dessen Skizzen im großen Gartengelände von Port Lligat Skulpturen anzufertigen. Ihm kam während dieser Zeit einiges zu Ohren, unter anderem, dass der Meister eine Reihe kleinformatiger Originale von Andy Warhol besaß, allesamt Arbeiten aus dem Frühwerk, die er im Verlauf mehrerer Begegnungen geschenkt bekam, natürlich im Tausch gegen eigene Werke. Schlagzeilen machte unter anderem das Treffen im Winter 1964/65 im St. Regis Hotel von New York, bei dem Dalí dem sprachlosen Pop-Künstler ganz unvermittelt einen Inkakopfschmuck aufsetzte, besser: verpasste. Einer der Scherze, für die Dalí berüchtigt war und die damit zusammen hingen, dass sich bei ihm seit seinen Kindertagen Verkleidung jedweder Art zu einer regelrechten Leidenschaft herausgebildet hatte. »Laß dir etwas einfallen«, lautete der Rat von Manolo an Folker. Und der ließ sich die Geschichte nicht zweimal erzählen.

Skulima nahm umgehend Kontakt mit Dalí auf und konnte ein Treffen in Cadaqués arrangieren. Die Idee, nun seinerseits einen Kopfschmuck mitzunehmen, um jene New Yorker Szene mit umgekehrten Vorzeichen nachzuspielen und die Warhol-Arbeiten auf diese Weise auszulösen, war glänzend, wurde aber wieder fallengelassen. Für eine billige Retourkutsche war die Nummer dann doch zu groß. Freilich konnte FS zu dieser Zeit noch nicht wissen, dass beim Empfang bei Dalí und seiner Frau Gala ein drittes Wesen anwesend sein würde, das über Erfolg oder Misserfolg der Mission entscheiden sollte: ein leibhaftiger Ozelot, Babou gerufen, Dalís exotisches Schoßhündchen. Als man sich zur Begrüßung mit rosa Champagner zuprostete, nahm Babou den Gast fest in den Blick, starr und unabwendbar. Galas Blick war in Künstlerkreisen legendär. Nach einem Bonmot von Paul Éluard (dem Ex-Mann von Gala) vermochte er Wände zu durchdringen. Babous Blick war anders und gefährlicher: Man durfte ihn auf keinen Fall erwidern. Tat man es, erntete man ein Knurren oder Fauchen – und wie in einem jener Märchen, in denen Tiere über Wohl und Wehe entscheiden, schloss sich dann der Vorhang unversehens. *Rien ne va plus.*

Skulima tat instinktiv das Richtige. Er ließ die Blicke sowohl von Gala als auch von Babou ins Leere laufen und hielt sich an Dalí. Mit ihm tauschte er Worte, die ihn lehrten, dass allein das wechselseitige Faible für berühmte Menschen die beiden Großen der Kunst zusammengebracht hatte. Das beflügelte das Geschäft und leitete den Tausch von Geld ein, das einzustecken er nicht vergessen hatte. Denn auch das war ihm zugetragen worden: Der exzentrische Meister hasste am *american way* nichts so sehr, wie das Ausstellen von Schecks; er liebte Bargeld. Zudem war man gut beraten, die Scheine klein zu halten und im großen Stil hinzublättern. Kindliche Freude war der Dank. Offensichtlich machte FS alles richtig, denn er erhielt überraschend die Einladung zu einem »Spaziergang« am nächsten Vormittag. Wie sich herausstellen sollte, war ein Architekt bestellt, der Dalís Hacienda neu – und das hieß: in den Ausmaßen ein wenig großzügiger als zuvor – vermessen sollte. Eine surreale Begehung nahm ihren Lauf.

Dalí, FS und ein Landvermesser, 1969

Was Skulima nach dem auf Spanisch geführten Fachsimpeln und Aushandeln an Werken von Warhol erwerben konnte, übertraf seine Erwartung, war weit mehr, als Manolo Roldan in seinen Andeutungen hatte anklingen lassen. Der Ankauf bei Dalí hatte tatsächlich das Zeug zu einer Einzelausstellung. Euphorisch schickte FS seiner Frau, die in einem Berliner Hotel (in dem die beiden damals noch logierten) auf ihn wartete, ein Telegramm: »Es hat geklappt + + Bringe Schätze mit«. Eilig wurden Freunde eingeladen, um die erfolgreiche Aktion gemeinsam zu feiern – und die erworbenen Arbeiten von Warhol mit Blick auf die geplante Ausstellung zu begutachten und einzuschätzen. FS, der sich ein wenig wie ein Freibeuter nach erfolgreicher Kaperfahrt fühlte, präsentierte stolz die einzelnen Stücke. Zunächst sechs kleinformatige Bilder aus der heiteren Flower-Motiv-Serie von 1964, die schon im Jahr darauf den Pariser Kunstmarkt verzaubern sollten. Dann drei Bilder der trauernden Jackie Kennedy, der von Warhol sogenannten *Dallas Jackie*, jeweils Einzeltafeln aus der Serie *The Week That Was I* von 1963. Nachfolgend ein großartiges Einzelstück mit dem Titel *Campell's Elvis* (1963), das halb der Serie *Campell's Soup Cans* angehörte, halb die Porträts von Elvis Presley streifte. Für die geplante Ausstellung im April 1970 konnte FS diesen Grundstock noch um weitere Arbeiten von Warhol ergänzen: Eine Mappe mit Screen Prints der bekannten Serie *Ten Marilyns*. Dann je ein Bild aus der Porträtserie *Liz Taylor* sowie der düsteren *Desaster*-Serie, die morbide Themen wie Autocrashs, Atomexplosionen, Rassenunruhen oder den Elektrischen Stuhl als Institution der Justiz behandelte. Schließlich drei sehr frühe Fotomontagen aus dem Film *Kiss*, einer Verfilmung des Dracula-Stoffes, mit dem Hauptdarsteller Bela Lugosi als Bildvorlage (1963).

2

Das war der Stoff, mit dem Skulima als Steuermann die erste Fahrt seiner nach ihm benannten Berliner Galerie unternahm. Und der Verlauf der Ausstellung eröffnete neue Wege für das Navigieren im Kunstmarkt. In den Augen von Kollegen und Experten sowie in der Berichterstattung der Medien war der Start der neuen Galerie Folker Skulima weit mehr als nur ein Achtungserfolg; er war ein Ausrufezeichen! Der Verkauf der Exponate blieb dagegen eher bescheiden. Das wurde indes wettgemacht durch das Vertrauen und die Zuversicht in die zu erwartende Preisspirale – eine berechtigte Erwartung, wie sich zeigen sollte. Dieser frühe Warhol war eine Bank, anders als etwa die Werke der Objektkunst, der er sich nach 1966 zuwandte. Warhol erfand damals silberne Rechtecke, die er mit Helium füllen ließ und als *silver clouds* durch diverse Galerieräume schweben ließ, an deren Wänden die ehemaligen Flower-Bilder jetzt als Tapeten hingen – und die den betroffenen Galeristen einen Flop nach dem anderen bescherten.

Der Start war geglückt, aber das eigene Profil musste noch geschärft werden. Die Pop Art eines Andy Warhol war sicherlich ein Blow-up der zeitgenössischen Kunst: das Aufblühen einer Ästhetik der Alltagswelt, wo der Fetischcharakter der seriell hergestellten Ware eine unverhoffte Weihe erfuhr. Aber natürlich gab es anspruchsvollere Umbrüche, intellektuell fundiertere Arbeiten von Avantgarde-Künstlern, die FS faszinierten. Diese zeigen sich in künstlerischen Positionen, die sich durch Prozesshaftigkeit und materielle Transformationen auszeichneten und der Bedeutung von situativen Kontexten (und Kontextwechseln) Rechnung trugen. Eine wegweisende Schau und Verortung dieses erweiterten Kunstbegriffs, wie er insbesondere in der Arte Povera, dem Minimalismus, der Konzeptkunst und der analytischen Malerei verhandelt wurde, machte eine von Harald Szeemann kuratierte Ausstellung möglich, die im Frühjahr 1969 in der Kunsthalle Bern gezeigt wurde: *Live in Your Heads. When Attitudes Become Form*. Eine sprechende Headline.

Wenn Skulima das sich zwischen Sitges und Berlin auftuende Intervall zu nutzen wusste, um der *4. documenta* einen Besuch abzustatten, so wiederholte sich diese Form der Gegenwärtigkeit während des Onnasch-Intermezzos. Wie selbstverständlich machte er mit seinem Ford Transit Station in Bern, um sich von den dort ausgestellten Künstlern und ihren Werken ein Bild zu machen – und Bilder zu erwerben. So lernte er die Werke von Jannis Kounellis und Mario Merz kennen, zwei Vertretern der Arte Povera; mit Robert Morris einen Künstler der Minimal Art und mit Yves Klein (»Yves, le monochrome«, wie er sich nannte) eine künstlerische Vorstellung, die für das Verständnis der Analytischen Malerei wesentlich ist – und für dessen Grundlegung durch den Italiener Lucio Fontana, dem wir den Übergang von der Fläche zum Raum verdanken. Und dann war da noch Lawrence Weiner, ein radikaler Vertreter der Konzeptkunst, der die Entmaterialisierung des Kunstobjekts betrieb, den Ausstieg aus dem gemalten Bild und dessen Ersatz durch Sprache und Text.

Lawrence Weiner, Daniel Buren (ein weiterer französischer Vertreter von Konzeptkunst und Analytischer Malerei), Jannis Kounellis und Mario Merz sollten schon bald in der Galerie von Folker Skulima gastieren. Doch kam es zunächst zu einer überraschenden Doppelausstellung von Marcel Broodthaers und dem englischen Künstlerduo Gilbert & George. FS hatte den belgischen Künstler Broodthaers, ein konvertierter Dichter, der den Abschied von der Literatur mit dem Eingipsen seiner Bücher feierte, schon länger auf seinem Zettel. Er hielt ihn für einen Geheimtipp der Kunstszene, weil er in souveräner Weise das komplexe Rollenspiel vom bildenden Künstler, Museumsdirektor und Kunstkritiker beherrschte wie kaum ein anderer. Broodthaers selbdritt produzierte Kunst, sammelte und verkaufte Kunst (in seinem 1968 gegründeten Musée d'Art Moderne) und kritisierte die Kunst und den Kunstbetrieb – und zwar in Grund und Boden. Sein stetig erneuertes Urteil »Dies ist kein Kunstwerk« – erkennbar eine Umkehrung des berühmten Bildtitels von Magritte *Ceci n'est pas une pipe* (Dies ist keine Pfeife) – wandte er wie selbstverständlich auch auf seine eigenen Werke an (Bilder, Skulpturen, Installationen, Fotografien, Filme). Das zugleich Bezaubernde an dieser bestimmten Negation aber war sein anhaltender Humor, den er in Buster-Keaton-ähnlicher Ungerührtheit zum Besten gab. Und so wie Broodthaers als schützendes Totemtier für sein Museum den Adler erkor, den Herrscher der freien Lüfte, so lag über dem düster anmutenden Spruch: »Es bleibt noch abzuwarten, ob Kunst anders als negativ existiert.« stets ein homerisches Lachen. Es war nirgends besser zu vernehmen als in dem *Interview mit einer Katze*, das Broodthaers um diese Zeit führte und aufnahm; einer Hauskatze, um genau zu sein (keinem Ozelot), die auf jede Frage mit einem melodiösen »Miau« antwortete.

Einladungskarte zur Ausstellung *The Pencil on Paper, Descriptive Works of Gilbert & George, the sculptors*, 1970

Kein Wunder, dass Skulima, als er im Sommer 1970 Broodthaers in seinem Brüsseler Haus (in dem sich auch das Museum befand) einen Besuch abstattete, von dem Mann begeistert war und sofort darauf drang, ihn in Berlin auszustellen. Man einigte sich schnell auf den kommenden September. Derweil flog FS nach London weiter, wo er einige interessante Leute der britischen Kunstszene traf (darunter den Maler und Bildhauer Francis Bacon sowie den Galeristen Nigel Greenwood) und schließlich seinen alten Freund David Hockney besuchte. Der hatte sein zeichnerisches und malerisches Werk ein Jahr zuvor bei Springer in Berlin ausgestellt. Und er war es jetzt, der Skulima den Tip gab, sich unbedingt Gilbert & George anzuschauen. Gesagt, getan – und schon war sich FS mit diesen so poetisch spinösen Engländern einig: *You are welcome in Berlin.* Allerdings war im Kalender der beiden nur mehr ein Termin im September frei, ein Platz, den inzwischen Broodthaers besetzt hielt. Doch dieser stimmte auf eine vorsichtige Anfrage hin einer Doppelschau überraschend zu.

Marcel Broodthaers reiste im Herbst mit seiner Frau Maria und seiner siebenjährigen Tochter Marie-Puck an. Sie waren Gäste von FS und schliefen in der

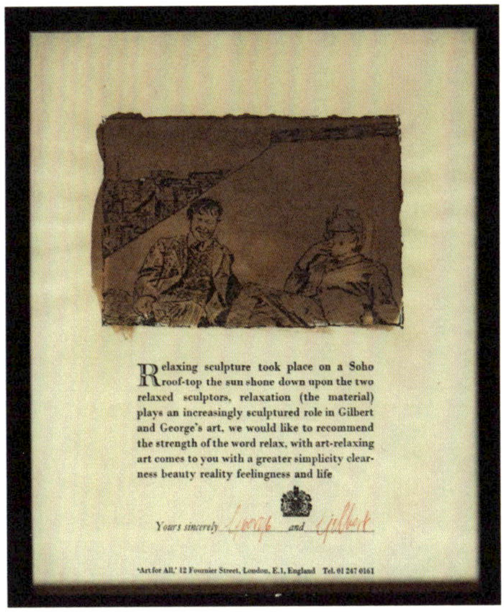

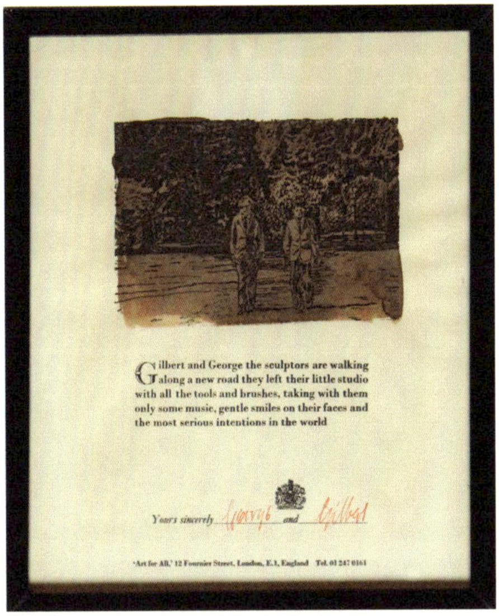

Gilbert & George, *Relaxing, Walking, Viewing* 1970

Marcel Broodthaers, Filmstill aus: *Une Seconde d'Éternité*, 1970, Edition mit einer Auflage von 50 Exemplaren

Making of des Kunstwerks mit Marcel Broodthaers und Folker Skulima, 1970

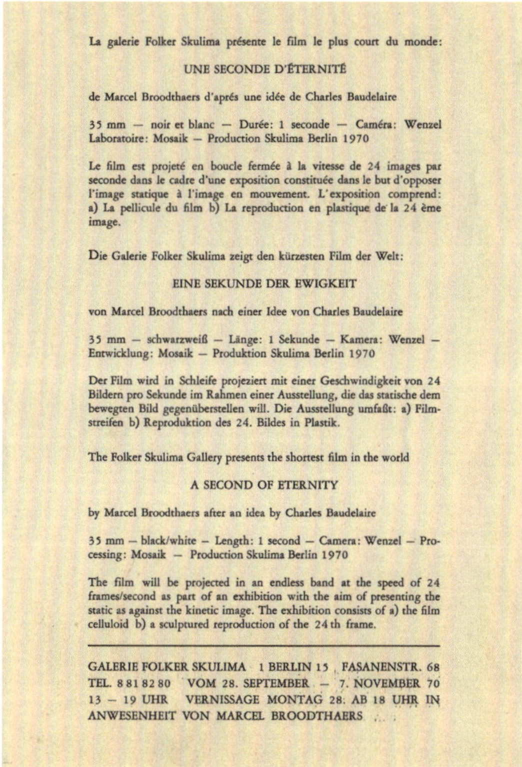

La galerie Folker Skulima présente le film le plus court du monde:

UNE SECONDE D'ÉTERNITÉ

de Marcel Broodthaers d'aprés une idée de Charles Baudelaire

35 mm — noir et blanc — Durée: 1 seconde — Caméra: Wenzel Laboratoire: Mosaik — Production Skulima Berlin 1970

Le film est projeté en boucle fermée à la vitesse de 24 images par seconde dans le cadre d'une exposition constituée dans le but d'opposer l'image statique à l'image en mouvement. L'exposition comprend: a) La pellicule du film b) La reproduction en plastique de la 24 ème image.

Die Galerie Folker Skulima zeigt den kürzesten Film der Welt:

EINE SEKUNDE DER EWIGKEIT

von Marcel Broodthaers nach einer Idee von Charles Baudelaire

35 mm – schwarzweiß – Länge: 1 Sekunde – Kamera: Wenzel – Entwicklung: Mosaik – Produktion Skulima Berlin 1970

Der Film wird in Schleife projeziert mit einer Geschwindigkeit von 24 Bildern pro Sekunde im Rahmen einer Ausstellung, die das statische dem bewegten Bild gegenüberstellen will. Die Ausstellung umfaßt: a) Filmstreifen b) Reproduktion des 24. Bildes in Plastik.

The Folker Skulima Gallery presents the shortest film in the world

A SECOND OF ETERNITY

by Marcel Broodthaers after an idea by Charles Baudelaire

35 mm – black/white – Length: 1 second – Camera: Wenzel – Processing: Mosaik – Production Skulima Berlin 1970

The film will be projected in an endless band at the speed of 24 frames/second as part of an exhibition with the aim of presenting the static as against the kinetic image. The exhibition consists of a) the film celluloid b) a sculptured reproduction of the 24 th frame.

GALERIE FOLKER SKULIMA 1 BERLIN 15 FASANENSTR. 68
TEL. 8 81 82 80 VOM 28. SEPTEMBER – 7. NOVEMBER 70
13 – 19 UHR VERNISSAGE MONTAG 28. AB 18 UHR IN ANWESENHEIT VON MARCEL BROODTHAERS

Marcel Broodthaers, Einladung zur Ausstellung *Une Seconde d'Éternité*, 1970

Galerie. Gilbert & George übernachteten im Hotel nebenan. Was im Vorfeld so familiär begann, sollte sich in der Ausstellung fortsetzen und so nachdenkliche wie begeisterte Galeriebesucher beeindrucken. FS gab dem Begleitheft der Schau den kryptischen Titel: *The Pencil on Paper, Descriptive Works of Gilbert & George, the sculptors. Marcel Broodthaers: Une Seconde d'Éternité*. Was verbirgt sich hinter dieser thematischen Klammer? Einerseits drei Selbstporträts der britischen Performance-Künstler, die als »living sculptures« auftraten, aber – selbst schweigend – das Sein ihrer neuen künstlerischen Existenz einem schier endlosen Text, bestehend aus einem fortlaufenden Satz ohne Punkt und Komma, anvertrauten, dem Publikum zur Vorlage. Vergeblich! Andererseits die Aufführung des rasanten Films *24 images par seconde* durch den belgischen Panoptiker des Kalküls, nach einer Idee von Charles Baudelaire. Abgespult wurden Filmstreifen des Immerwiedergleichen in endloser Wiederholung; Bilder, die einzuholen man schneller laufen musste als Alice im Wunderland auf dem Feld der Schwarzen Königin. Der Lauf im Sekundentakt der Ewigkeit: Vergeblich! Die Galerie als Ort des Erlebens einer zweifachen Vanitas – und ihrer lustvollen Auflösung.

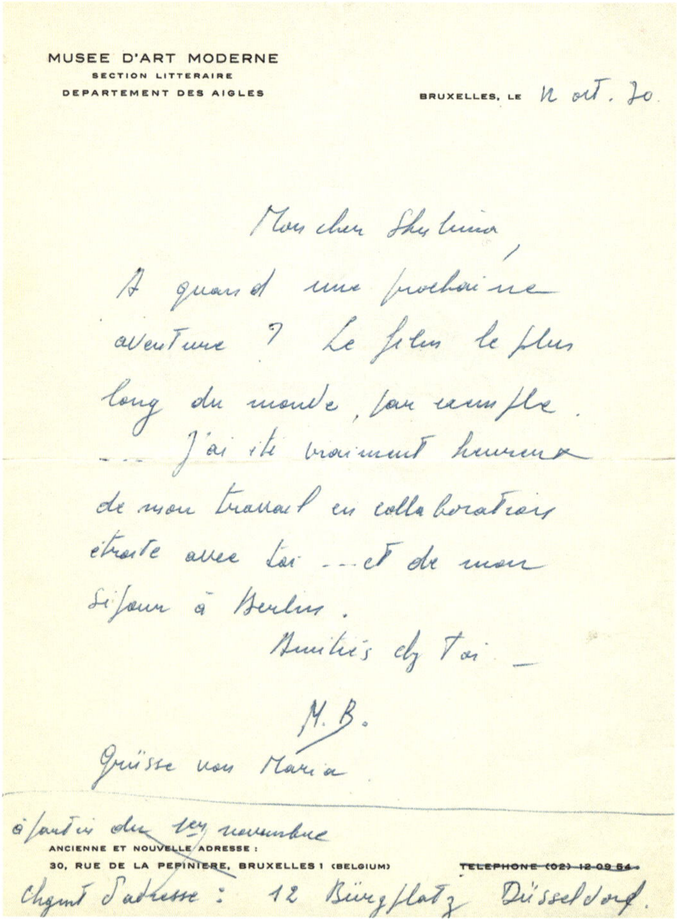

MUSEE D'ART MODERNE
SECTION LITTERAIRE
DEPARTEMENT DES AIGLES

BRUXELLES, LE 11 oct. 70

Mon cher Skulima,

A quand une prochaine aventure ? Le film le plus long du monde, par exemple.

... J'ai été vraiment heureux de mon travail en collaboration étroite avec toi ... et de mon séjour à Berlin.

Amitiés à toi –

M.B.

Grüsse von Maria

à partir du 1er novembre
ANCIENNE ET NOUVELLE ADRESSE :
30, RUE DE LA PEPINIERE, BRUXELLES 1 (BELGIUM) ~~TELEPHONE (02) 12-09-64~~
Chgmt d'adresse : 12 Burgplatz Düsseldorf.

Brief von Marcel Broodthaers an Folker Skulima

Stand von FS auf der Kunstmesse Berlin mit Werken von Marcel Broodthaers (links) und Gilbert & George (rechts)

Skulima hat die Schau von Gilbert & George im Februar des folgenden Jahres in Brüssel noch einmal wiederholt und zwar im Show Room du Garden Stores Louise – ein weiterer Schritt der erfolgreichen Vernetzung innerhalb der internationalen Kunstszene. Zuvor jedoch endete das Jahr 1970 mit einem anderen Highlight. Nach Vorgesprächen war es endlich so weit, dass ein prominenter Mitbegründer der amerikanischen Conceptual Art in Berlin seine Aufwartung machte. Auf der Einladungskarte seiner Galerie annoncierte FS stolz und ohne Umschweife: LAWRENCE WEINER IST DA. Zu lesen (und zu verdauen) waren nachfolgend die Kernaussagen der *Statements of Intent* sowie die konzeptuellen Werkideen der aktuellen Ausstellung:

1. Der Künstler kann die Arbeit realisieren.
2. Die Arbeit kann von einer anderen Person ausgeführt werden.
3. Es ist nicht notwendig, die Arbeit zu realisieren.

Jede dieser Möglichkeiten hat denselben Wert und jede entspricht der Absicht des Künstlers. Über die Ausführung der Arbeit wird der eventuelle Besitzer entscheiden.

1. MIDDLE OF THE ROAD
2. LEFT OF CENTER
3. RIGHT OF CENTER

Die ausgestellte Arbeit, die vorgab, ausgeführt oder nicht ausgeführt werden zu können, imponiert allein durch die Ästhetik von Textbotschaften. Nummeriert und auf drei Zeilen verteilt, liest man in Großbuchstaben die hinweisgebenden Titel der geistigen Entwürfe resp. Vorstellungen des Künstlers. Das ist es. Ansonsten eine leere Galerie, weiße Wände, ein ratloses Publikum.

Wörter an sich sind noch keine Kunst, so wenig wie Zahlen Mathematik sind. Aber Textbilder, von Weiner auch Wortskulpturen genannt, sind es: als Auslöser eines assoziativ-kombinatorischen Weiterlesens. Im günstigsten Fall kommt es zu einem geistigen Gespräch mit dem Künstler und zur Entschlüsselung seines zugrunde liegenden Konzeptes. An den Betrachter ergeht die Botschaft: »Mach dir ein Bild« – und ebenso die Kehrseite: »Aber wehe, du tust es«. Dieser Widerspruch, so scheint es, ist das unvermeidliche *Double-bind* der Konzeptkunst, in deren Textblöcken man das halb verschwommene Wasserzeichen des biblischen Bilderverbots zu erkennen glaubt und als Kehrseite das Begehren, es zu überschreiten. Ganz anders als etwa die Männer der Atomphysik wollen Konzeptkünstler wie Weiner Gott nicht über die Schulter schauen, um die Kreationen des Lebens zu verstehen, sondern selber Gott spielen. Imitiert wird der göttliche Sprechakt als Schöpfung: Im Anfang war das Wort. Weiter gegangen ist hier nur Dalí, der von der Idee besessen war, Gott zu überzeugen, ihm Modell zu stehen. Von dieser Hybris ist Weiner weit entfernt. Ihm geht es um das, was Sigmund Freud »Fortschritt in der Geistigkeit« genannt hat.

Weiner – der Mann mit dem Barte eines Propheten, mit dem Dutt eines japanischen Shintō-Priesters – wer Weiner je dabei zugesehen hat (und sei es in einem Video), wie er die Verfertigung einer Zigarette zu zelebrieren verstand – das vorsichtige Einrollen des Tabaks in das Papierblättchen, das geduldige Pressen und Drehen des kleinen weißen Zylinders mit den Fingerspitzen – der wird nicht zögern, dem auf diese Weise entstandenen Ding (»A thing in itself«) den Satz zuzusprechen: »Dies ist eine Zigarette.« Weiner, soviel steht fest, kannte die Saussure'sche Differenz von *langue* und *parole*, wusste um den Unterschied von Zeichen und Bezeichnetem. Und ihm war klar, dass die Welt als Inbegriff dessen, was der Fall ist, von der Hülle einer anderen Welt der Möglichkeiten umgeben ist. In seinen Worten: »The artist must go beyond logic. He must communicate a kind of *what if*?«

Was wäre, *wenn* der Käufer und neue Besitzer von (sagen wir) Werk N° 2 LEFT OF CENTER den Künstler beim Wort nähme und die Arbeit auszuführen gedächte? Nicht auszudenken. Stünde der Versuch, das immateriell Konzeptionelle in eine ästhetische Erscheinung zu überführen nicht unter dem gleichen Prinzip der Unschärferelation, das die Quantenfaselei der Physiker so lange verhext hat, bis sie endlich den Mut fanden, die universelle Doppelnatur von Welle und Teilchen zu akzeptieren? Gott sei Dank können wir das *what if?* in der Schwebe lassen. Beim wirklichen Käufer handelte es sich nämlich um einen sensiblen Sammler von Konzeptkunst, der die Werke von Weiner (er kaufte übrigens alle drei Titel) in seine Sammlung einfügte und so den Unwägbarkeiten einer handwerklichen Umsetzung in die materielle Wirklichkeit enthob.

Dieser Sammler, der von Brüssel nach Berlin kommend in Skulimas Galerie die ausgestellte Arbeit von Weiner sah und kaufte, war niemand anderer als Herman Daled – einer der führenden Akteure im Netzwerk von Künstlern und Galeristen, Kunsthändlern und -kritikern, Museumsdirektoren und -kuratoren, die in den 60er- und 70er-Jahren den Siegeszug der Konzeptkunst ermöglicht haben. Daled war von Haus aus Radiologe, der im Team von Professor Albert Claude (dem nachmaligen Nobelpreisträger für Medizin) arbeitete. Dieser bedeutende Mann, privat ein eifriger Anhänger der experimentellen Neuen Musik in der Nachfolge der atonalen Zwölftonmusik, riet seinem jüngeren, kunstinteressierten Kollegen, sich vergleichbaren Strömungen der zeitgenössischen Kunst zuzuwenden. Mit dem Credo, die Partitur, die auf dem Papier steht (und nicht die musikalische Aufführung) sei das wahre Konzept der Musik, wurde Albert Claude zum *Spiritus rector* für Daled und dessen späteres Kunstverständnis. Und es war ein anderer belgischer Landsmann, der den *proof of the pudding* möglich machte (und dessen Name hier schon fiel): Marcel Broodthaers. Daled lernte ihn auf einer Vernissage kennen und erlebte die Begegnung als einen fundamentalen Einschnitt in seinem Leben. Spontan kaufte er eines der ausgestellten Werke (*Robe de Maria*, 1966) – das Erstlingswerk der zusammen

Einladungskarten zur Ausstellungseröffnung in West- und Ostberlin

LAWRENCE WEINER

1. Der Künstler kann die Arbeit realisieren
2. Die Arbeit kann von einer anderen Person ausgeführt werden
3. Es ist nicht notwendig, die Arbeit zu realisieren

Jede dieser Möglichkeiten hat denselben Wert und jede entspricht der Absicht des Künstlers. Über die Ausführung der Arbeit wird der eventuelle Besitzer entscheiden.

1. MIDDLE OF THE ROAD	DIE MITTE DER STRASSE
2. LEFT OF CENTER	LINKS DER MITTE
3. RIGHT OF CENTER	RECHTS DER MITTE

Galerie Folker Skulima, 1 Berlin 15, Fasanenstr. 68, Tel. 8818280

vom 16. 12. 1970 bis 15. 1. 1971, 13 bis 19 Uhr · Eröffnung Mittwoch, 16. 12., 19.30 Uhr

LAWRENCE WEINER IST DA

LAWRENCE WEINER

1971 BERLIN/EAST, THE GERMAN DEMOCRATIC REPUBLIC
OSTBERLIN, DEUTSCHE DEMOKRATISCHE REPUBLIK

BROKEN OFF
ABGEBROCHEN

COLLECTION PUBLIC FREEHOLD
ÖFFENTLICHES EIGENTUM

▽ Lawrence Weiner

mit seiner Frau Nicole nach und nach aufgebauten Sammlung, deren Schlüsselfigur und wichtigster Künstler Marcel Broodthaers blieb. Bei der einzigen Ausstellung dieser Kollektion, die unter dem Titel *Less is More* exklusiv im Haus der Kunst München (2010) gezeigt wurde (um ein Jahr darauf an das New Yorker MoMA verkauft zu werden), befanden sich unter den Exponaten allein 80 Werke des belgischen Künstlers.

Zugegeben: Das zum Ankauf der Weiner-Werke in der Galerie Skulima Gesagte hört sich an wie ein Lauf durch die offene Tür. Und das schließt den Aspekt des Preises ein, den Daled zahlte: 5.000 DM pro Werk. Das ließ sowohl das Künstler- wie das Galeristenherz höher schlagen. Sie glaubten eine Sternstunde zu erleben. Diesem Hochgefühl konnte die sei's launige, sei's zynische Bemerkung Daleds, er zahle hier den Wert von drei VWs, nichts anhaben. Sie wussten nichts von der Marotte des Aufkäufers, als Vergleichsgröße für den Wert eines Kunstwerkes das Auto heranzuziehen. Hintergrund waren die Währungsunterschiede und -schwankungen jener Zeit. 100.000 belgische Franc entsprachen Anfang der 70er-Jahre etwa 5.000 DM – und für beide Summen konnte in den beiden Ländern ein Auto erstanden werden. 1971 ließ Daled verlauten, er habe in diesem Jahr Kunst im Äquivalent von zwölf Autos gekauft.

Genau an dieser Stelle zeigt sich indes, dass das kleine Handicap, das sich bei dergleichen Verhandlungen meistens einzustellen pflegt, keineswegs fehlt. Herman Daled hatte 1970 einen zweiten französischen Künstler durch einen Vertrag an sich gebunden: Daniel Buren. Unter der Bedingung, selber ein Jahr lang keine anderen Werke zu kaufen (ausgenommen die Arbeiten von Broodthaers!), sollten die Daleds zwölf Monate lang je ein Werk von Buren erhalten. Aufgrund dieser eigenwilligen Vereinbarung sah sich Herman Daled im Dezember 1970 außerstande, den geplanten Ankauf der Arbeiten von Weiner unverzüglich abzuschließen. Er bat FS, den Deal erst im Folgejahr über die Bühne zu bringen. Die drei VWs gehören also genau genommen zum Zwölferpack von 1971. Sie wurden für eine kleine Weile geparkt – in der »Mitte der Straße«, »Links der Mitte« und »Rechts der Mitte«.

Der kleine Wermutstropfen wurde indes schnell aufgefangen. Über den Düsseldorfer Kollegen Konrad Fischer kam es ganz unerwartet zu einer Kontaktaufnahme mit eben jenem Daniel Buren und der Einladung zu einer zeitnahen Ausstellung. Und so geschah es. Am Dienstag, den 27. April 1971 wurde die (erste) Buren-Ausstellung in der Fasanenstraße eröffnet. Kein ganz beliebiges Datum, denn Folker Skulima wurde in dieser Nacht 31 Jahre alt. (Buren war – nebenbei gesagt – zwei Jahre älter.) Auf die Vernissage folgte also auf leisen Sohlen die Geburtstagsfeier. Und der Hausherr hatte allen Grund zu feiern. Innerhalb kürzester Zeit war es ihm gelungen, seine noch junge Galerie im internationalen Netzwerk der aufstrebenden Prozess- und Konzeptkunst erfolgreich zu platzieren.

Ausstellung von Daniel Buren, Außen- und Innenansicht

Daniel Buren war ein aufgehender Stern dieser Szene, die das Erbe des Minimalismus anzutreten beabsichtigte. Dessen geistige Strenge ähnelte am Ende einem geschlossenen Raum, in dem nicht länger Licht, sondern meditative Stille vorherrschte. Für Insider lautete das geflügelte Wort für diesen Zustand (mit Blick auf die führenden Vertreter der amerikanischen Farbfeldmalerei): »Newman schloss die Tür, Rothko zog die Rollläden herunter und Ad Reinhardt löschte das Licht.« Buren verstand sich als Postminimalist, der auf demselben Terrain ein anderes Spiel spielen wollte. Er öffnete nicht nur die Türen und Fenster von Museen und Galerien, den exklusiven Ausstellungsorten. Als überzeugter Situationist suchte er für seine Kunst öffentliche Flächen: Wände und Böden im urbanen Raum. Einen Straßenbelag nicht anders als einen Bretterzaun, Schaufenster so gut wie Litfasssäulen. Für die Berliner Ausstellung war dies der Bezirk um die Galerie herum, aber auch die Türen, Wände und Fenster der Galerie selbst, von innen wie von außen betrachtet.

Zur Eröffnung der Ausstellung hielt Buren sein Konzept in einem knappen Statement fest – Pendant zu den »Anhaltspunkten«, die dem interessierten Publikum auf den Einladungskarten der Galerie an die Hand gegeben wurden – »zu lesen als Anhaltspunkte dessen was zu sehen ist«:

Exposition personnelle

Deux travaux dans un même espace et deux points de vue différents: papiers rayés blanc et jaune collés l'un, sur la totalité d'un des murs de la galerie, visible á l'intérieur de celle-ci, l'autre, sur les vitres d'une de ses fenêtres, perceptible uniquement depuis l'extérieur, de jour et de nuit.

Als Material gab es also vertikale Papierstreifen zu sehen, sonst nichts. Auf exakt 8,7 cm Breite bemessene Streifen von weißer und gelber Farbe, verschieden in Anzahl, Ausdehnung und Zuschnitt (aus einem prinzipiell unendlich fortsetzbaren Muster), angebracht an den bezeichneten Stellen der Galerie und ihrer nächsten Umgebung. Das wiederkehrende Streifenmuster ist zum Markenzeichen von Burens Arbeiten avanciert, ist *das* Signum seiner Kunst. Roland Barthes hat die konstruktiv-geometrische Strenge – eine Vorgabe der amerikanischen Farbfeldmalerei, die Buren von der Leinwand in den öffentlichen Raum übertragen hat, – eine »Malerei im Nullzustand« genannt. Buren selber zieht es vor, vom Streifenmotiv als einem »visuellen Werkzeug« zu sprechen, das die Blicke der Betrachter zu lenken vermag, etwa die von Passanten an einer Metrostation, die am Bahnsteig wartend die dort angeklebten Streifen betrachten und in den Zug einsteigend aus den Augen verlieren, um an den Innenfenstern der Wägen erneut auf Streifen der gleichen Art zu stoßen. Die flüchtige Wahrnehmung eines solchen situativen Werkes lehrt den Betrachter, dass es für diese Art von Kunst keinen festen Ort und keine Dauer gibt. Gemeinsam mit dem Künstler gerät er so in »Opposition zur Exposition«, also zur Einsicht, dass ein unbeweglicher Ausstel-

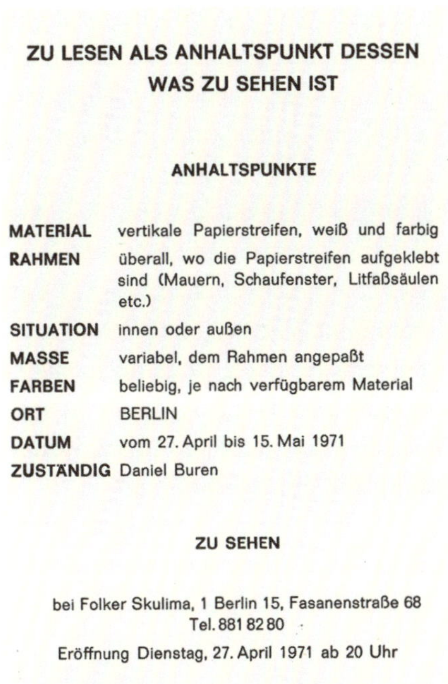

ZU LESEN ALS ANHALTSPUNKT DESSEN
WAS ZU SEHEN IST

ANHALTSPUNKTE

MATERIAL	vertikale Papierstreifen, weiß und farbig
RAHMEN	überall, wo die Papierstreifen aufgeklebt sind (Mauern, Schaufenster, Litfaßsäulen etc.)
SITUATION	innen oder außen
MASSE	variabel, dem Rahmen angepaßt
FARBEN	beliebig, je nach verfügbarem Material
ORT	BERLIN
DATUM	vom 27. April bis 15. Mai 1971
ZUSTÄNDIG	Daniel Buren

ZU SEHEN

bei Folker Skulima, 1 Berlin 15, Fasanenstraße 68
Tel. 881 82 80

Eröffnung Dienstag, 27. April 1971 ab 20 Uhr

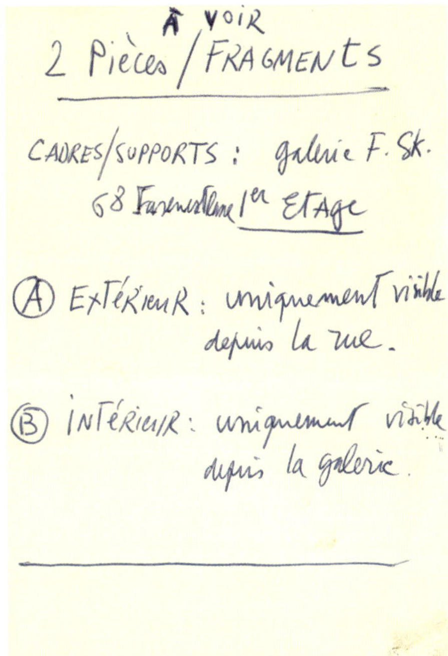

Einladung zur Ausstellungseröffnung am 27.4.1971, handschriftliche Notiz von Daniel Buren zur Ausstellung mit den Hinweisen Extérieur und Intérieur

lungsraum (etwa innerhalb eines Museum oder einer Galerie) für ein Kunstwerk nicht angemessen ist. Im besten Fall führt dies zur Errichtung eines begehbaren Kunstwerks im öffentlichen Raum, wie es Daniel Buren etwa in Bilbao gelungen ist, wo er die roten Bögen (*Arcos rojos*) zur Einbeziehung der Puente La Salve in das Konzept des Guggenheim Museums zu nutzen verstand.

Auch die Galerie Folker Skulima wurde in jenen Frühlingstagen des Jahres 1971 dank Buren zu einem begehbaren Ort der Kunst, wo – anders als in der Routine des Alltags – die Gegensätze von Innen und Außen, von *casa* und *plaza* verschwammen, aber nicht um sich aufzulösen, sondern um etwas situativ Neues entstehen zu lassen. War das Publikum denn etwa ratlos angesichts der bilderlosen Räume? Nein, ganz im Gegenteil. Auf seinen Streifzügen in und außerhalb der Galerie schien es eher vergnügt zu sein. Niemand fragte, wo denn die Kunst sei. Vielleicht wirkte das farbige Papier ganz hintergründig wie Dekor zur Ausschmückung einer Feier, die zu Beginn Vernissage hieß. Wer weiß. Und verführte einige, das Terrain zu erweitern und die Fasanenstraße entlang zu schlendern in Richtung Kurfürstendamm, den man über die weißen Balken eines Zebrastreifens (sic!) hüpfend überquerte, um der Prachtmeile ein Stück zu folgen, am Kempinski vorbei und entlang der Schaufenster der Galerie Springer, dann gleich ums Eck in die Kantstraße einbiegend, wo die Paris Bar ihr rotgrünes Licht aufs Pflaster warf.

Gallische Bar im märkischen Babylon, erfüllt mit dem Gewirr aller Stimmen jenseits der Berliner Schnauze, Nabel der Künstler und Ort der Seinsvergessenheit von Loft und Bude, Werkstatt und Atelier, stets brechend voll mit Leuten, zusammengewürfelt nach den Gesetzen einer exzessiven Gastfreundschaft, frei vom Makel des Kraftaufwandes: Staubgeborene der Straße neben den Gotteskindern der Kunst, der Immobilienhai neben dem Straßenkämpfer aus Kreuzberg, der Stararchitekt aus Rom neben dem leibhaftigen Fotomodell des letzten *Playboy*. Da saßen sie, der Galerist und sein Künstler, in dieser summenden Bar, um gemeinsam etwas zu Abend zu essen. Sie sprachen weniger über Kunst als über den Vietnamkrieg. Sie tranken viel und prosteten sich zu, als der Äquator der Nacht durchschritten wurde und FS sich in sein neues Jahr einschiffte. *À votre santé!*

3

Gedankensprung. Wer jetzt nach Michael Würthle Ausschau hält und Halt suchend nach der *Laterne an Betrunkene* (von Martin Kippenberger) greifen will, der spult den Film vom Mythos der Paris Bar zu schnell ab. Es stimmt zwar, dass sich Würthle seit Anfang Mai 1970 in der Stadt aufhielt; er landete damals aus Paris kommend in Tempelhof, um seinen Freund Oswald Wiener zu treffen und die Ausstellung von Attersee in der Galerie Springer zu sehen. Und er blieb in Berlin. Anfangs kellnerte er im »Exil«, einem Lokal in Kreuzberg, das Oswald und seine Frau Ingrid führten, um schließlich in das Geschäft mit einzusteigen – ein Wiener unter Wienern. Aber es sollte noch viele Jahre dauern, bis er zum Chef eines eigenen angesagten Künstlerlokals aufgestiegen war. 1979 übernahm Michael Würthle (zusammen mit seinem Kompagnon Reinald Nohal) die Paris Bar, die grundrenoviert ihr stilbildendes Interieur erhielt: das Arrangement der dunklen Stühle mit den zugehörigen Tischen, deren Ebenholzglanz unter dem Bewurf mit überlangen Tischtüchern verschwand, um im neu gewonnenen scharfen Kontrast ein zweites Gesicht zu zeigen, das sich auf dem Boden in der Textur der schwarz-weißen Karofliesen spiegelte. Dazu steil an der Wand, über den großflächigen Rückenkissen hängend, die schräge Galerie der Bilder – eine erhabene Tricollage aus Wunsch nach, Angst vor und Abwehr von Kunst und Nichtkunst und den verwirrenden Gefühlen von *Nothing-to-see-ness* und *To-be-and-not-to-be-ness*.

Ein Künstlerlokal von Weltruf war entstanden, ein internationaler Treffpunkt von Artisten und Galeristen– und ein Umschlagplatz von Anekdoten und Klatsch aus der weitläufigen Szene. Häufig von Dreiecksgeschichten mit einem lachenden Dritten und manchmal mit Fortsetzungen durch ein Stühlerücken der Akteure. So erzählte Cy Twombly gerne, wie er einmal Zeuge einer heftigen Auseinandersetzung zwischen Beuys und Kippenberger wurde, eine Szene, die er in einer Bleistiftskizze festhielt. Der Sammler und Verleger Lothar (»Lutz«) Schirmer wurde nicht müde, seine frühen ersten Besuche bei Beuys in Düsseldorf und bei Twombly in Rom zu schildern, grundsteinlegende Erfahrungen, denen er durch die jährliche Herausgabe mindestens eines jeweils einem der beiden Künstler gewidmeten Buches über die Jahre die Treue hielt. Und Lucio Amelio, der Chef der Galerie Modern Art Agency (Neapel) gab in der Paris Bar wiederholt zum Besten, dass es ihm einmal gelungen sei, gleich zwei Twombly-Ausstellungen auf einen Streich zu bestücken und nahezu zeitgleich eine große Beuys-Ausstellung an Land zu ziehen – und zwar keine andere als eben die aus der Sammlung Lothar Schirmer.

Die letzte Geschichte bedarf der Nachfrage. Nicht weil daran zu zweifeln wäre, ob denn Amelio für die Rolle eines Doppelagenten wirklich tauge. (Tatsächlich avancierte Neapel wegen Amelios Freundschaft zu Twombly, Beuys, Warhol und Kounellis für einige Jahre zum Zentrum der Kunstwelt.) Nein, sondern weil eine der beiden Cy Twombly-Ausstellungen in der Galerie Skulima stattfand. Wie ging das zu? Im Juni 1971 weilte FS auf der Basler Kunstmesse – ein Muss für jeden Galeristen von Rang. Am vorletzten Tag fand er sich, begleitet von seinem Kollegen Hans Mayer (einem Galeristen aus Düsseldorf), am Stand seines neapolitanischen Freundes Lucio Amelio ein. Gemeinsam bestaunten die beiden ein Konvolut von sechzehn Gouachen aus der Hand von Cy Twombly, die alle aus dem aktuellen Jahr stammten, gemalt in der Villa Orlando auf Anacapri.

Sie kannten den Weg des US-amerikanischen Malers, der – inspiriert vom deutschen Expressionismus und der DADA-Bewegung – einen Ausweg aus der abstrakten US-amerikanischen Variante dieser Kunstrichtung suchte, in dieser Absicht immer wieder unterwegs in mediterranen Gefilden, oft in Begleitung seines Freundes Robert Rauschenberg. Doch während dieser etwa mit seinen *combine paintings*, die durch die Integration von Dingen des Alltags in die Malerei imponierten, die Lücke zwischen Kunst und Leben schließen und die Phase des Abstrakten Expressionismus hinter sich lassen wollte (gleichsam als Erbe der *Ready Mades* von Marcel Duchamp und als Vorläufer der Pop Art), verlor sich Twombly in seinen eigensinnigen, um farbige Flecken kreisenden Strich-Labyrinthen. Sein Versuch, zwei Jahre nach Jasper Johns und Rauschenberg mit einer Ausstellung in der renommierten Galerie Leo Castelli (N.Y. 1960) endgültig Fuß zu fassen, war nahe am Desaster. Der nüchtern abwägende Blick von Donald Judd, einem gewichtigen Vertreter des US-Minimalismus, verrät etwas von der ablehnenden Haltung der meisten Kollegen: »Es gibt ein paar Kleckse und ein paar Spritzer und hier und dort einen Bleistiftstrich.«

Tatsächlich wirkte das Frühwerk von Cy Twombly durchweg wie zahlreich angeschwemmtes Treibgut, das ungefiltert aus den Tiefen seiner Seele an die Oberfläche drängte: beiläufig Skizziertes neben sexuellem Gekritzel, zu Buchstabenknäuel verknüpfte Schrift Seite an Seite mit hingeschmierten Kolonnen von Zah-

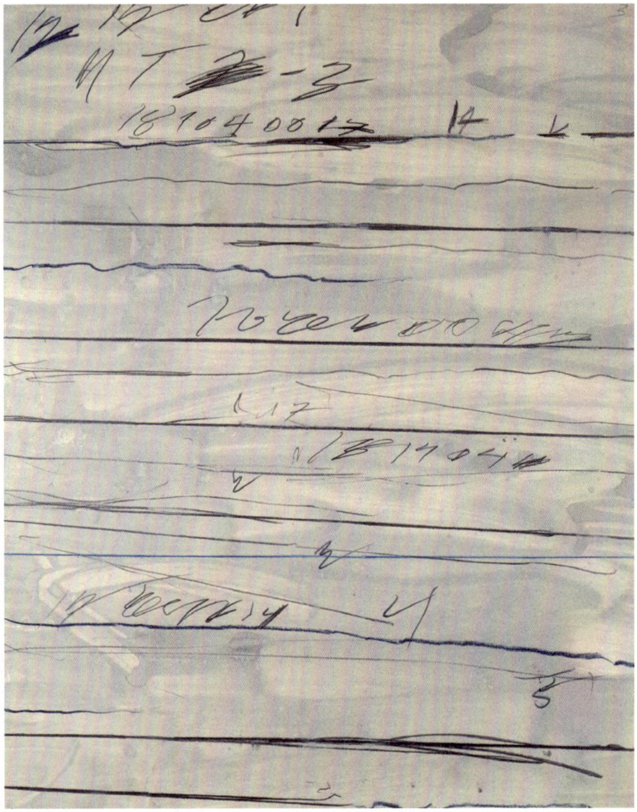

Cy Twombly, *The Window*, Ausstellung Juni 1971

len. Angesichts der ernüchternden Reaktionen verordnete Twombly sich eine Art Pause oder besser ein Abtauchen, um erst 1967 einen zweiten Start mit Aufenthalten in New York, Florida, Zürich und Neapel zu unternehmen; eine Schaffensperiode, die bis 1976 andauern sollte. Genau aus dieser Zeit stammen die Gouachen, die Lucio Amelio anzubieten hatte, darunter die Werke: *Beyond (A System for Passing)*, 1971; *Untitled (Ramification)*, 1971; *Untitled (Rome)*, 1971; *Untitled*, 1971. Die Gouachetechnik machte den ungeheuren Strich, über den Cy Twombly verfügte, weicher und ausdrucksstärker. Die Kompositionen erhielten ein Kraftzentrum, das die disparaten Teile zusammen hielt, die Stückwerke zu einem Ganzen verschmolz.

Die beiden deutschen Galeristen waren sich einig darin, dass dieser neue Twombly es nicht nur wert war, ausgestellt zu werden; er würde auch seine Käufer finden. Und da ihre diesbezüglichen Planungen beide auf das zweite Halbjahr zielten, einigten sie sich auf eine Fundteilung. Jeder kaufte und erhielt einen Halbpart des Angebots, das waren acht Gouachen für jeden. Und so lud Hans Mayer (der damals seine Düsseldorfer Galerie zusammen mit der französischen Kunsthändlerin Denise René führte) am 3. September 1971 zur Vernissage *Cy Twombly. 8 Gouachen aus dem Jahre 1971*. Gefolgt von Folker Skulima, der nur vierzehn Tage später in seiner Berliner Galerie die (um einige Leihgaben von Kollegen und Sammlern ergänzte) Ausstellung *Cy Twombly. 8 Gouachen 1971* ankündigte.

Beide Ausstellungen fanden ihr Publikum – und wären heute ein Renner. Was Cy Twomblys Kunst so irritierend wie anziehend macht, ist der Umstand, dass Tempo und Strecke für die Ausführung der künstlerischen Idee bei ihm schneller und kürzer sind als anderswo. Schon in Lessings *Emilia Galotti* kann man die Klage finden: »Auf dem Weg aus dem Auge durch den Arm in den Pinsel, wie viel geht da verloren.« Twombly arbeitet dem entgegen. Mit Bleistift hingeworfene Silbenfragmente fügen sich bei ihm erst gar nicht zu Wörtern und Sätzen zusammen, verlaufen vielmehr zu Kringeln und Kurven, huschen, leeren Sprechblasen gleich, scheinbar ohne Bedeutung davon. Und dennoch wirken sie wie ein Köder von Sinn, dem man sich nur schwer zu entziehen vermag. Der geheime Gewinn im Verlust liegt in der Versuchung des Betrachters, eine eigene anschlussfähige Semantik zu entwickeln, um die Abbreviaturen zu vervollständigen. Wie viel ist da gewonnen.

Zum Eindruck des Unfertigen, des Noch-zu-Überarbeitenden passt die Angewohnheit des Künstlers, sich alte Werke immer wieder vorzunehmen. Lothar Schirmer, der frühe Sammler und Twomblyaner, weiß zu berichten: »Wenn man einen Twombly besitzt, kann man nie sicher sein, ob er nicht nach 10, 20 Jahren plötzlich vorbeikommt, um das Bild zu übermalen.« Welch ein Luxus! Verkauft der Galerist ein Werk von Twombly, ist es gut. Behält er es und fügt es seiner Sammlung ein, ist es besser, nicht nur der Wertsteigerung wegen, sondern um der möglichen Überraschung willen, dass der inzwischen berühmt gewordene Mann eines Tages hereinschneit, um ein zweites Mal Hand an die Leinwand zu legen. Ein riskantes Doubling, das so seine Tücken hat. Es wird erzählt, Twombly habe, seiner Manie folgend, einmal ein Bild von Rauschenberg, das schon verkauft war, übermalt. Am nächsten Morgen hing in der Galerie ein vollkommen anderes Bild. Der Inhaber war entsetzt. Cy Twombly soll mit entwaffnender Naivität versucht haben, ihn zu beruhigen: Er habe zwar einen Rauschenberg verloren, aber dafür einen Twombly gewonnen. Auf lange Sicht gesehen war das kein schlechter Deal. Rauschenberg kam anfangs schneller voran – auf der 32. Biennale von Venedig (1964) erhielt er sensationell den Preis für Malerei –, aber Twombly hatte den längeren Atem.

Dieses aufregende Jahr sollte noch einen großen Schlusspunkt erhalten. Jannis Kounellis, einer der Mitbegründer der Arte-Povera-Bewegung, die zeitlich wie gedanklich die Wege von Minimalismus und Konzeptkunst kreuzte, war im Dezember in Skulimas Galerie zu Gast. Mitte der 60er-Jahre nahm »die arme Kunst«

Aktion von Jannis Kounellis, ein Cellist spielt in permanenter Wiederholung eine Partitur aus der *Johannes-Passion* von J. S. Bach (J. Kounellis links im Bild). Dezember 1971

dieses (in Italien lebenden) griechischen Künstlers Gestalt an. Gegen das Talmi einer achtlosen und das Leben verachtenden Überflussgesellschaft brachte er die Kraft und Ästhetik einfacher Dinge zur Geltung. Er begann damit, Sachen des Alltags oder zufällig aufgefundene Gegenstände – Erdklumpen so gut wie Schrott, Bretter nicht anders als Kartoffelsäcke, vorzugsweise aber Kohle, immer wieder Kohle – in seine Gemälde zu integrieren und diese in Installationen zu verwandeln. So präsentierte er in späteren Jahren ein Werk, das aus sechs mit Kohle gefüllten Säcken besteht, die in zwei Dreierreihen übereinander stehen (*Untitled*, 2003). Jeder der Säcke ist oben mit einem weißen Baumwolltuch zusammen gebunden; ein Arrangement, das beim Betrachter den Eindruck von Augenbinden wach ruft, wie sie zur Exekution Verurteilte angelegt bekommen. Eine assoziative Verknüpfung zu den Zerstörungen, welche die »arme Natur« erleiden muss; zu den Wunden des Lebens, die man verbinden und heilen muss; zu der sinnfälligen Blindheit der Menschheit, die mit den kindischen Mitteln der Kunst und den Visionen von Jannis-dem-Seher beklagt wird: »Wounds, like that of the holy apostle Thomas who laid his finger in the wounds of Christ. It is part of my culture.«

Kounellis lernte Skulima in Neapel anläßlich einer Aktion von Beuys kennen und kam wenig später zur Ausstellungsbesprechung nach Berlin, voller Elan und ungewöhnlicher Ideen. Unter anderem schlug er vor, ein totes, mit einer gro-

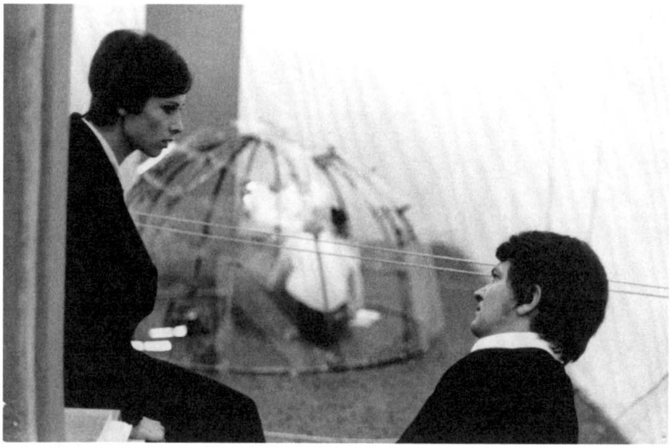

Hilke und Folker Skulima während der Präsentation von *Iglu* auf der Kunstmesse Berlin 1973

ßen Decke zugedecktes Pferd im Galerieraum zu zeigen. Natürlich ging es nicht um den toten Kadaver irgendeines Tieres. Kounellis wollte die Grablegung jenes Pferdes in Szene setzen, das auf dem *Guernica*-Gemälde von Picasso »mit einer verzerrten Grimasse des Schmerzes stürzt« und stirbt. Seine Absicht ging dahin, mit (um im Bild von Picasso zu bleiben) der Öllampe der Kunst die Vision von Krieg im Nachkrieg neu zu beleuchten. Dieses Projekt was indes angesichts der Gegebenheiten vor Ort schon rein technisch nicht durchführbar. Es zählt freilich zu den wunderbar anregenden Entwürfen des Künstlers, deren erste Linien in zahlreichen Gesprächen innerhalb der Kunstszene weiter ausgezogen wurden und sich in den Netzen der Erinnerung verfangen haben. Ein subtiler Beifang von Kunst.

Im Hier und Jetzt des vorweihnachtlichen, mit Lichterketten geschmückten Berlin verfällt Kounellis schließlich auf etwas sehr Apartes. Gegen die Laufrichtung des angebrochenen Advent und seiner Erfüllung, der Anbetung des heiligen Geldes, positioniert er im sonst leeren Raum der Galerie auf einer großen Leinwand mit schwarzer Farbe die Notenschrift eines Ausschnitts aus der *Johannes-Passion* von Johann Sebastian Bach. Ein Stück – es handelt sich um den Auszug aus der Arie *Ich folge dir gleichfalls mit freudigen Schritten* – von Leiden und Trauer, aber auch von Erhöhung und Umkehr. Kounellis lässt aber dieses Stück nicht singen. Ein Cellist ist aufgeboten, die ausgewählte Passage zu spielen und zwar in schier endloser Wiederholung. Den kirchlichen Kalender auf den Kopf stellend, verwandelt Kounellis das Bachsche Passionsdrama in ein episches Theater á la Brecht. Indem die szenische Wiederholung das Moment des Nicht-Identischen aufblitzen lässt, erinnert der Cellist als Repetitor zugleich an die Weisheit des Heraklit: »Niemand steigt zweimal in denselben Fluss.« Zu hören ist ein

Fluglotsenpanne: „Caravelle“ mußte notlanden

Neue Blockade um Wounded Knee

Die Indianer sollen ausgehungert werden

WOUNDED KNEE, 13. März (AP)

Die amerikanischen Bundesbehörden haben gestern einen neuen und diesmal stärkeren Belagerungsring um die Siedlung Wounded Knee im Bundesstaat South Dakota gezogen, die inzwischen wieder von über 300 Indianern besetzt gehalten wird. Ein Sprecher begründete diese Maßnahme damit, daß seit der Aufhebung der ersten Blockade Verstärkung für die Besetzer angerückt sei und diese auch weitere Waffen und Munition erhalten hätten. Das Ziel ist, die Indianer vom Stamme der Ogallala-Sioux auszuhungern. Gestern fuhren gepanzerte Fahrzeuge auf, um die Zufahrten zu der historischen Siedlung zu blockieren.

4 SEITEN MOTOR-BEILAGE: FRÜHJAHRSKUR FÜRS AUTO

Der Abend

Berlin, 28. Jahr · Nr. 61 Dienstag, 13. März 1973 30 Pfg. Auswärts 40 Pf. A1014A

Seite 7 Appell an die Verantwortlichen: Das Villensterben muß ein Ende haben

Wechselt wieder ein Senator nach Bonn?

Nächtlicher Überfall in der Disconto-Zentrale

HES Berlin, 13. März

Mit einer Eisenstange niedergeschlagen und schwer verletzt wurde heute früh ein 59jähriger Wachmann im Kassenraum der Zentrale der Berliner Disconto Bank am Ernst-Reuter-Platz in Charlottenburg. Der Täter, der sich vermutlich in dem stark gesicherten Bankgebäude hatte einschließen lassen, mußte ohne Beute flüchten.

Auf seinem Kontrollgang durch die Bank-Zentrale stand der Wachmann plötzlich im Schalterraum einem jungen Mann gegenüber: „Wo ist das Geld? Wo sind die Schecks?“, herrschte der ihn an.

Der Bankwächter sagte, er wisse es nicht. Mit einem Satz sprang der Verbrecher auf ihn zu und versetzte ihm mit einem etwa 15 Zentimeter langen Eisenstab mehrere Schläge auf den Kopf. Dann zwang er sein blutüberströmtes Opfer, die Tür zur Straße aufzuschließen und flüchtete.

Dem Wachmann gelang es, sich zu einem Telefon zu schleppen und von hier aus über Notruf die Polizei zu alarmieren. Er mußte mit Verdacht auf einen Schädelbruch sofort in ein Krankenhaus gebracht werden und konnte noch nicht eingehend vernommen werden.

▶ Nach ersten Ermittlungen der Kriminalpolizei hatte der Täter nicht einmal Zeit, die Schränke in dem Schalterraum zu durchsuchen. Der Überfallene gab von dem Verbrecher folgende Beschreibung: Etwa 1 Meter 65 groß und schmale Figur. Er war mit einer dunkelblauen Jacke und einer hellen Hose bekleidet.

Schnee im Süden

STUTTGART, 13. März dpa

Erneut heftige Schneefälle haben heute den Verkehr auf den Straßen in Süddeutschland stark behindert. Die Polizei in Stuttgart erwartete ähnliche Schwierigkeiten wie am Vortag, als der überraschende Wintereinbruch im nördlichen Baden-Württemberg zu einem Verkehrschaos geführt hatte.

Auch ein Iglu spielt mit

„TIEFERE BEDEUTUNG funkt Mario Merz aus einem Glas-Iglu“, schreibt ABEND-Kritiker Peter Hans Göpfert über diese Szene. Von heute bis zum 18. März ist in der Akademie der Künste die 5. Internationale Kunstmesse 1973 im Gang. (Siehe auch Seite 5).

Nicht einsatzbereit

WASHINGTON, 13. März (AP)

Ein großer Teil der in Europa gelagerten militärischen Ausrüstung, über die die im Ernstfall aus den USA eingeflogenen Truppen verfügen sollen, ist nicht einsatzbereit. Dies stellte der amerikanische Rechnungshof in einem in Washington veröffentlichten Bericht fest.

Die Behörde verwies darauf, daß eine große Anzahl von Panzern, Lastwagen, Geschützen und Munition vor allem in der Bundesrepublik, eingelagert sei. Eine Untersuchung habe jedoch ergeben, daß ein Teil dieses schweren Geräts nicht für den Einsatz bereit sei und daß wesentlicher Mangel an Munition und Ersatzteilen bestehe.

Fast zusammengestoßen:

Stewardess verletzt

Nachrichtendienst „Der Abend“

BRÜSSEL, 13. März

Der Pilot eines belgischen Verkehrsflugzeugs vom Typ „Caravelle“, der gestern über dem Südwesten Englands beinahe mit einem amerikanischen „Jumbo-Jet“ zusammengestoßen war und deshalb eine Notlandung in Spanien machen mußte, hat die britische Flugsicherung für diesen Zwischenfall verantwortlich gemacht. Da er abrupt seinen Kurs ändern mußte, waren eine Stewardess und mehrere Passagiere verletzt worden. Auch dieser Zwischenfall war allerdings eine indirekte Folge des Streiks der zivilen Fluglotsen in Frankreich, der jetzt bis Donnerstag verlängert wurde.

Die Maschine der belgischen „Sabena“ war auf dem Flug von Brüssel nach Barcelona. Wegen des Streiks in Frankreich mied Flugkapitän Claeys wie viele andere Piloten den französischen Luftraum und wählte die Route über London und den Atlantik zur spanischen Nordküste.

Nach der Rückkehr berichtete er in Brüssel, über dem Südwesten Englands sei kurz hinter und über seinem Flugzeug der „Jumbo“ aufgetaucht. Claeys mußte die „Caravelle“ deshalb abrupt 300 Meter tiefer ziehen, wobei eine Stewardess gegen das Kabinendach geschleudert wurde und sich das Schlüsselbein brach. Mehrere Fluggäste erlitten Prellungen.

Der Pilot machte später eine Notlandung auf dem Flugplatz der spanischen Stadt Santiago de Compostela, wo die verletzte Stewardess ins Krankenhaus gebracht wurde. Die „Caravelle“, die nicht beschädigt wurde, konnte nach Barcelona weiterfliegen.

▶ Die Deutsche Lufthansa wird auf Empfehlung von Bundesverkehrsminister Lauritzen weiter zunächst keine Frankreich-Flüge durchführen.

KARRIERE in Bonn? — Professor Wolters

Professor Wolters soll Staatssekretär werden

Eigenbericht „Der Abend“

LUK. BERLIN, 13. März

Das Personalkarussell im Rathaus Schöneberg beginnt sich wieder zu drehen. Der Berliner Senator für Gesundheit und Umweltschutz, Professor Dr. Hans-Georg Wolters, will sein Amt aufgeben. Heute vormittag wird der Regierende Bürgermeister Klaus Schütz, der erst seit wenigen Tagen von den Plänen Wolters weiß und inzwischen auch mit Bundeskanzler Brandt über den Wechsel des Gesundheitssenators nach Bonn gesprochen hat, den Senat unterrichten. Wolters soll Staatssekretär im Bundesministerium für Familie, Jugend und Gesundheit werden.

Das überraschende Angebot von Bundesministerin Katharina Focke kam für Wolters vor gut einer Woche. Als Vermittler soll dabei auch der erst vor kurzem ins Bundeskanzleramt berufene ehemalige Berliner Bundessenator, Staatssekretär Horst Grabert, eine wichtige Rolle gespielt haben. Bei einem Blitzbesuch in Bonn Mitte vergangener Woche unterbreitete die Bundesministerin für Familie, Jugend und Gesundheit detailliert dem Berliner Senator ihre Pläne. Wolters bat sich Bedenkzeit aus. Es wird jedoch damit gerechnet, daß schon in den nächsten Tagen die Entscheidung fällt. Gestern abend lehnte Gesundheitssenator Professor Wolters jede Stellungnahme gegenüber dem ABEND ab.

▶ Mit Professor Hans-Georg Wolters würde Berlin einen seiner profiliertesten jüngeren Senatoren verlieren. Wolters gilt als Senkrechtstarter in der Politik. Der frühere Ärztliche Direktor des Klinikums Steglitz hat innerhalb kurzer Zeit sich in seinem Amt Respekt verschafft. Klaus Schütz

Fortsetzung auf der Umseite

Ausschnitt aus der Berliner *Abend*-Zeitung zu Mario Merz’ *Iglu*-Aktion, März 1973

Thema in sequenzieller Folge, das aber im Gegensatz zur seriellen Massenproduktion á la Warhol kein Bündnis mit der zeitgenössischen Kulturindustrie schließt. Das Moment des Neuen am Immerwiedergleichen erinnert vielmehr an den Verlust der Aura, den das Kunstwerk im Zeitalter seiner technischen Reproduzierbarkeit erleidet. Die Aufführung, in der Kounellis auf eine sehr persönliche Art die alteuropäische Kulturgeschichte und mit ihr die kollektive Kultursprache der westlichen Zivilisation heraufbeschwört, hinterließ beim Publikum einen überwältigenden Eindruck. Skulima präsentierte das Werk (*Senza titolo*, 1971) im folgenden Jahr ein weiteres Mal auf der Düsseldorfer Kunstmesse.

Nur zwei Jahre später ist Jannis Kounellis (und mit ihm unter anderem Daniel Buren und Edward Kienholz) wieder zu Gast im diesmal herbstlichen Berlin – in Berlin, aber nicht in der Galerie Skulima. Eingeladen hat die künstlerische Leitung der vom Neuen Berliner Kunstverein in Zusammenarbeit mit dem DAAD und den Berliner Festspielen ins Leben gerufenen »ADA – Aktionen der Avantgarde«. Acht Künstler (neben den Genannten Rafael Conogar, Jochen Gerz, Ekkat Kaemmerling, Wolf Vostell sowie die Künstlergruppe Amelith) sollen an acht Schauplätzen der Stadt mit den Mitteln von Environment und Installation, Happening und Agit-Pop eine Avantgarde-Schau aufziehen – organisiert und geleitet von keinem Geringeren als Folker Skulima.

»Frankreichs Streifenkünstler verziert den Ku'damm« betitelt DER SPIEGEL die Arbeit von Buren. Und ja, auf dem Mittelstreifen der Berliner Prachtstraße sind großflächig rechteckige Wände installiert, die wie überdimensionierte Stehkissen mit Streifenmotiv aussehen. Vertikale Streifen in neuer Rahmung. In Abständen fällt der Blick auf die verhängten Portale der zurückversetzten Häuser, ausstaffiert auch sie mit gestreiftem Tuch. Buren, in der Tradition des Avantgardismus einer beschleunigten Moderne zu Hause, ist sich treu geblieben. Seine Kunst vollzieht sich ein weiteres Mal in der permanenten Wiederholung der Streifen als ortsbezogenes Ereignis. Sie ist in ihrer Wirkung nicht referenziell, sondern (wie Lyotard das einmal prägnant formuliert hat) »eine Ausstellung der verborgenen Pragmatik der Kunst«. Das impliziert, dass niemals zwei Menschen am selben Ort zur selben Zeit dieselben Streifen gleich sehen. Burens Arbeit ist konsequenterweise nicht kommunizierbar, auch nicht fotografierbar. Fotos, die er selber macht, sind für ihn nur »Souvenirs« für sein berühmtes Erinnerungsbuch.

Ganz anders, aufsehenerregend und provokant, kommt das Werk von Ed Kienholz daher. *Still Live* (so der Titel seiner *mixed media installation*) exponiert mitten in der Stadt einen Schauplatz von Tod und Sterben. Im Eingangsfoyer der Hochschule für Bildende Künste am Steinplatz stößt der Besucher auf ein mit Stacheldraht und Absperrband hermetisch umschlossenes Areal, dessen inneres Geviert einem typischen *American living room* nachempfunden ist. Aber die

Ed Kienholz, *Still Live* auf der ADA 2, 1974

Albrecht Demitz im Todessessel, ADA 2, 1974

Ordnung dieses vertrauten Milieus ist auf den Kopf gestellt, ist extrem unbehaglich, ja feindselig geworden. Über dem Fernseher sieht man ein großkalibriges Gewehr, das auf die Couch (auf der sich die Familienmitglieder allabendlich zu versammeln pflegen) und damit jetzt auf die Ausstellungsbesucher gerichtet ist. Man hört das Ticken einer Uhr, so als könne jederzeit etwas explodieren, wird durch plötzlich einsetzendes Sirenengeheul und grell aufblitzendes Blaulicht erschreckt. Ein Gruseln erfüllt die Szene nach Art eines »amerikanischen Roulettes«. Wer als Besucher hier Einlass begehrt, muss sich zunächst ausweisen, mindestens 18 Jahre alt zu sein, und erklären, auf eigenes Risiko zu handeln. Was er geboten bekommt, ist eine Kunst mit Zeitzünder.

Kienholz hat seine befremdliche Installation, die in der deutschen Presse als »Besuchererschießungsmaschine« bezeichnet wurde, in Amerika konzipiert. Das heißt, sie spielt mit den Nachtgesichtern und Albträumen des Vietnam-Krieges, aber auch der Vernarrtheit des normalen Amerikaners in den eigenen Waffenbesitz (Kienholz: »Ich verstehe viel von Waffen, habe früher sogar welche gesammelt.«). Was der Künstler bei seiner Präsentation gerade in Westberlin offensichtlich nicht mitbedacht hatte, war die völlig andere Mentalitätsstruktur der Bevölkerung. In der geteilten Stadt jener Jahre zählten Stacheldraht und Schießbefehl zum grausigen Alltag und eigneten sich deshalb nicht für einen Nervenkitzel aus Künstlerhand. *Still Live* erschien zur falschen Zeit, stand am falschen Ort. So kam es, wie es kommen musste: Bürger beschwerten sich und riefen die Polizei. Die Installation wurde beschlagnahmt und gegen Kienholz ein Verfahren wegen unerlaubten Waffenbesitzes eröffnet. Eine Justizposse nahm ihren Lauf, die erst durch die Einschaltung des amerikanischen Konsulats gestoppt werden konnte.

Ironischerweise bestätigt der Abbruch von *Still Live*, dass über den Erfolg von Kunst letztlich der Kopf des Betrachters beziehungsweise Ausstellungsbesuchers entscheidet. Alles, was bei jener Inszenierung von *urban violence* passierte (oder noch hätte passieren können), war reine Kopfsache. Eine ganz ähnliche Erfahrung kam auf Wolf Vostell zu, der sich ein sehr spezielles Autobus-Happening (namens *Erdbeeren*) ausgedacht hatte: Er kutschierte in einem bleigepanzerten Doppeldecker Erdbeeren querbeet durch die Straßen der Stadt, ratlose Passanten hinter sich zurück lassend, denn die auf beiden Etagen in Muttererde eingepflanzten Erdbeeren waren von außen nur über einen TV-Monitor sichtbar. Bei einem Stopp an der Ampel hörte er zufällig, wie ein Mann zu seiner Begleiterin sagte: »Ich seh' etwas, was du nicht siehst. Das ist die Kunst.« Bingo!

Der (Wahl)Römer Jannis Kounellis hatte im Rahmen von ADA ein Stück mit Brecht-Songs und Weill-Musik angekündigt. Ein weiteres Mal dehnte er damit den Bildraum seiner Kunst aus, um über die Musik hinaus Elemente des Theaters und

Jannis Kounellis, Skizze zur Aufführung des *Bilbao-Song* auf der ADA 2

Aufführung des *Bilbao-Song*, Improvisation mit dem Pianisten Frederic Rzewski statt Sängerin

der Komik in sein Werk einzuführen. Sein eigener Kommentar lautete: »Die Kunstsprache ist Ausdruck von historischen Bedingtheiten. Der Bilbao-Song ist wie ein Fahrschein an einer Wand, die uns vertraut ist. Das alte Lied ist ein bekanntes Bild.« Freilich kam alles anders als geplant. Die Sängerin war indisponiert und erst gar nicht erschienen. Man musste improvisieren, organisierte schließlich als Ersatz ein Klavier. Kounellis machte gute Miene zum Spiel ohne Fahrschein. Er verstand sich als einen »antiken Menschen«, der wahlweise die Maske des Apollo trug oder in den Spuren des Odysseus wandelte. Auch mit dem Verzicht auf den Gesang galt es, den Blick für die Gegenwart und Zukunft zu schärfen. Deshalb entsteht, wenn unter dem Einfluss von Brecht die Tonsprache Weills ohne das alte Lied ertönt, gleichwohl das bekannte Bild. Nicht als einfache Reprise, sondern als Ausweis dessen, dass Kunst das Bewusstsein der Geschichte ist. Zu hören ist im Grunde das erstickte Lachen über den »grässlichen Fatalismus der Geschichte«, so wie es Büchner mit Worten dem Mund und mit Gesten dem Körper Dantons eingeschrieben hat.

Jahre später, es war 1977, liest Kounellis den Anfang der *Hamletmaschine* von Heiner Müller: »Ich war Hamlet. Ich stand an der Küste und redete mit der Brandung BLABLA, im Rücken die Ruinen von Europa.« Er gesteht, dass diese beiden Sätze bei ihm einschlugen wie ein Blitz, dessen verheerende Energie er sofort mittels eines Einspruchs ableiten musste: »Io non sono Hamlet.« Es war der Beginn einer lebenslangen Freundschaft mit dem späteren Leiter des Berliner Ensembles. Mit Müller begreift Kounellis die Bühne des Theaters als ein Schiff, das ausfährt, »um das verabredete Spiel zu beginnen auf der Insel der Toten und Überlebenden. Bei dieser Fahrt, hinein in die Szene, sind die Toten nie vergessen und scheinen Bestand noch der fernsten Zukunft zu sein.« Und dieses hölzerne Schiff mit den Planken des Bühnenbodens hielt Kurs, bis Jannis Kounellis selber an Bord ging, um an der Inszenierung der *Mauser*-Trilogie von Heiner Müller mitzuarbeiten. Er entwarf Bühnenbilder und Kostüme. Das war nach der Wende (1991), als die Stadtlandschaften von Ost- und Westberlin langsam wieder zusammen wuchsen. So ergab es sich nahezu von selbst, dass sich die beiden immer wieder in der Paris Bar verabredeten, um die Entwürfe zu besprechen. Hier war es, wo Müller und Kounellis die berühmt gewordene »Blutsäule« für die Bühne erarbeiteten – ein Loch im Bühnenboden, aus dem ein mit Blut gefüllter Eisenzylinder aufstieg, der Brunnenschacht einer schier endlosen Epoche des Blutvergießens. Das Bühnenbild einer Menschheitserfahrung, die ein anderer Großer der Literatur, Thomas Mann, unter dem Titel »Höllenfahrt« an den Anfang seiner *Josephs*-Romane gestellt hat: »Tief ist der Brunnen der Vergangenheit. Sollte man ihn nicht unergründlich nennen?«

An jenem Tisch in der Paris Bar war Folker Skulima so etwas wie der willkommene Dritte, denn er war es, der damals die Ausstellung für die Bühnenbildskizzen und Entwürfe vorbereitete. Seine Leistung kann nicht hoch genug veran-

Daniel Buren, Regatta mit Streifensegeln auf dem Wannsee, Galerie FS in Zusammenarbeit mit dem DAAD, 1975

schlagt werden. Am Beispiel von Jannis Kounellis wird deutlich, wie frühzeitig FS, ausgestattet mit einem untrüglichen Gespür für Qualität, bereit war, noch relativ unbekannte Künstler nicht nur auszustellen, sondern ihren weiteren Werdegang, etwa durch Vermittlung an Sammler, befreundete Galeristen und kunstinteressierte Institutionen wie Museen und Theater, über lange Zeiträume freundschaftlich wie geschäftlich zu begleiten. Der Ruf eines Sachverständigen und Treuhänders, den er sich auf diese Weise erworben hat, ist verantwortlich dafür, dass er als Kurator im In- und Ausland weiterhin ein gesuchter Mann war, aber auch als Ausstellungsbeirat geschätzt wurde. In dieser Funktion war er fünfzehn Jahre lang für die *Art Basel* und parallel dazu in der 80er-Jahren für die *Chicago Art Fair* tätig.

4

Ein Dekadensprung zurück, in den Sommer 1975. Auf Einladung des Senats für Wissenschaft und Kunst kommen Vertreter des Scottish Art Council nach Berlin, um eine Gruppenausstellung von dort beheimateten Künstlern in Edinburgh zu organisieren. Mit von der Partie ist der Berliner DAAD-Chef Karl Ruhrberg sowie Folker Skulima, der als Kurator und künstlerischer Leiter auserkoren wurde. Unter der Headline *8 from Berlin* werden die Maler und Konzeptkünstler Erben, Erber, Gosewitz, Hödicke, Kienholz, Koberling, Lakner und Schönebeck im Herbst diesen Jahres ihre Werke im Rahmen des Edinburgh-Festivals in der Fruit Market Gallery ausstellen. Warum diese 8? Was hat Skulima, einer der ganz wenigen Avantgarde-Galeristen der Stadt, zu dieser Auswahl bewogen?

Heinz Ohff, Kunstkritiker und damaliger Feuilletonchef des *Berliner Tagesspiegel*, dürfte das Richtige getroffen haben, wenn er schreibt, Skulimas Idee folge weder einer Präferenz für die Konzeptkunst noch dem Prinzip einer ausgewogenen Repräsentanz, vielmehr beruhe die getroffene Auswahl auf dem Vorzeigen von Gegensätzen. So betrachtet steht eine eher konzeptionelle Gruppe (Erben, Erber, Gosewitz) einer mehr malerischen Gruppe (Hödicke, Koberling, Schönebeck) gegenüber, beide ergänzt um zwei eigensinnige Wahl-Berliner (den US-Amerikaner Kienholz, den Ungar Lakner), die über den Deutschen Akademischen Austauschdienst in die Stadt kamen. Mit Blick auf die dominierende, schon das Cover des Katalogs prägende Gestalt der Künstlergruppe, Karl Horst Hödicke, damals Professor an der Hochschule der Künste Berlin und heute einer der Legenden der Berliner Kunstszene, lässt sich präzisieren, dass es sich bei den Gegensätzen in Wahrheit um die Stufenfolge einer Entwicklung resp. eines Übergangs handelt.

Hödicke kam im Jahr 1959 als Student an die Hochschule für Bildende Künste, wo er in die Malklasse von Fred Thieler aufgenommen wurde, einem entschiedenen Maler des Informel. Schon 1961 schließt er sich (zusammen mit Bernd

Koberling) der neoexpressionistischen Künstlergruppe »Vision« an und ist drei Jahre später eines der Gründungsmitglieder der sogenannten Selbsthilfegalerie »Großgörschen 35« in Berlin-Schöneberg. Fünfzehn junge Künstler haben sich hier in einer leerstehenden Fabriketage zu einer Ausstellungsgemeinschaft zusammen getan. In Opposition zur Informellen Malerei sind sie im Spagat zwischen Kritischem Realismus und Neuer Gegenständlichkeit auf der Suche nach einem eigenen neuen Stil. Die Serie von konzeptuellen Bildern, die Hödicke in Edinburgh unter dem Titel *Der Himmel über Schöneberg ist längst versilbert* zeigt, ist genau an diesem Ort, in diesem Quartier entstanden: in der Großgörschenstraße, der Kulmer Straße, der Mansteinstraße, der Alvenslebenstraße und am Dennewitzplatz.

Es handelt sich bei den Bildern ursprünglich um Fotos, die Hödicke in Berliner Hinterhöfen gemacht hat; im Visier stets den von den erdrückenden Häuserwänden ausgeschnittenen Himmel, der wechselweise als ein fliegendes Objekt oder als ein unwirklicher Ground Zero daherkommt. Diese so befremdlichen Aufnahmen hat der Künstler ins Riesenhafte vergrößert und gerahmt, wobei die bizarren Himmelfigurationen mit Blattsilber übermalt wurden. Die mit der Tristesse der verwitterten Mauern kontrastierenden Silberstücke des Himmel atmen so ganz unverhofft den Zauber des Schönen: *la bellezza di Berlino*.

Hödicke steht an dieser Zeitstelle noch lange nicht auf dem Boden der »Neuen Figuration«, der seine Werke später zugerechnet werden. Er steht in einem neuen geistigen Experimentierfeld, das einem unausgesprochenem Konsens zufolge (noch) nicht betreten werden sollte. »Es hat ja kein Mensch mehr gemalt«, wird er in einem späteren Interview dazu ausführen. »Das galt als reaktionär«. Nach den Rätseln der Konzeptkunst und der Strenge des Minimalismus war das Wiederauftauchen der figuralen Malerei nur noch eine Frage der Zeit. Dennoch empfanden diesen Schritt viele in der Kunstszene als Bruch und stritten über den richtigen Zeitpunkt. So die Galeristin Ileana Sonnabend, welche die Schwierigkeiten, mit denen sich Vertreter der neuen Berliner Figuration noch in der kompletten zweiten Hälfte der 70er-Jahre konfrontiert sahen, lapidar mit den Worten kommentierte: »It was just not the right time.« Hödicke, Beteiligter und Betroffener zugleich, hat die zugehörigen Affekte des Künstlers nicht verschwiegen. Einem seiner Gemälde, das heute im Foyer des Berliner Abgeordnetenhauses hängt, gab er den vielsagenden Titel *Die Musen der Stadt klagen und weinen*.

Heute wissen wir, dass erst mit der Londoner Ausstellung *A New Spirit in Painting* (Royal Academy of Arts, 1981) das Eis brach und ein Jahr später Christos Joachimides als Kurator der *Zeitgeist*-Ausstellung (Martin-Gropius-Bau Berlin, 1982) der neuen Kunst die Absolution erteilte. Umso erstaunlicher, dass Skulima schon so frühzeitig die Zeichen der Zeit erkannt hat. Die Präsentation von Stäben

Kunst: Acht Berliner nach Edinburgh

„Der Himmel über Schöneberg ist längst versilbert", behauptet der Berliner Maler Karl Horst Hödicke und macht das sichtbar: Düstere Hinterhöfe hat er senkrecht nach oben photographiert, die Aufnahmen auf große Leinwände gebracht und die bizarren Firmament-Ausschnitte mit Blattsilber ausgelegt. Die Werkgruppe, zunächst in der Galerie Block vorgestellt, reist nunmehr mit zum Edinburgh Festival, wo „8 from Berlin" (Ausstellungstitel) die lebhafte Halbstadt-Szene würdig, doch gleichsam spiegelverkehrt repräsentieren. Die vom Galeristen Folker Skulima getroffene Auswahl ist gegen den in Berlin vorherrschenden realistischen Strich gebürstet, Konstruktion und Konzeption beherrschen das Bild. Auch zwei Ausländer (Gäste des DAAD) sind für das Berlin-Team aufgestellt: der Amerikaner Edward Kienholz und der Ungar László Lakner, der zwar malt, als wär's photographiert, aber wie Hödicke Gedanken-Pointen anbringt. Sein Sujet sind einzeln porträtierte Bücher mit so beziehungsreichen Titeln wie „Das Schöne und die Kunst".

Hödicke-Werk

Artikel im SPIEGEL Nr. 30/1975 über die Ausstellung in Edinburgh *8 from Berlin*

im Raum (Erben), von Diagrammen und Kristallzeichnungen (Erber), von Typogrammen und Zahlenbildern (Gosewitz) Seite an Seite mit den Malwasser-Bildern von Koberling, den expressiven Tafelbildern Schönebecks sowie der expressiven Übermalung von Fotos bei Hödicke ist weit mehr als der Nachweis einer friedlichen Koexistenz von konzeptueller und figurativer Kunst. Das Pendel beginnt zu schwingen. Der neue Geist der Zeit ist noch nicht aus der Flasche, aber die Neuorientierung der bildenden Kunst kündigt sich unübersehbar an. Und K.H. Hödicke macht den Unterschied.

Aus dieser Perspektive betrachtet ist es kein Wunder, dass Hödicke – als er 1982 mit der Schließung der Galerie René Block seinen ersten Förderer verliert – zur Galerie Skulima wechselt. In regelmäßiger Folge, das heißt alle zwei Jahre, wird FS in den 80er-Jahren Ausstellungen mit Werken von Hödicke veranstalten. Er bringt jedoch auch einige dieser Ausstellungen in die USA, wo sie unter anderem in der Annina Nosei Gallery N.Y. (1981 und 1983) sowie in der Marina del Re Gallery N.Y. (1987) gezeigt werden. Diese Zusammenarbeit geht ganz selbstverständlich mit einem Wandel des Ausstellungskonzepts einher. Mit dem allgemei-

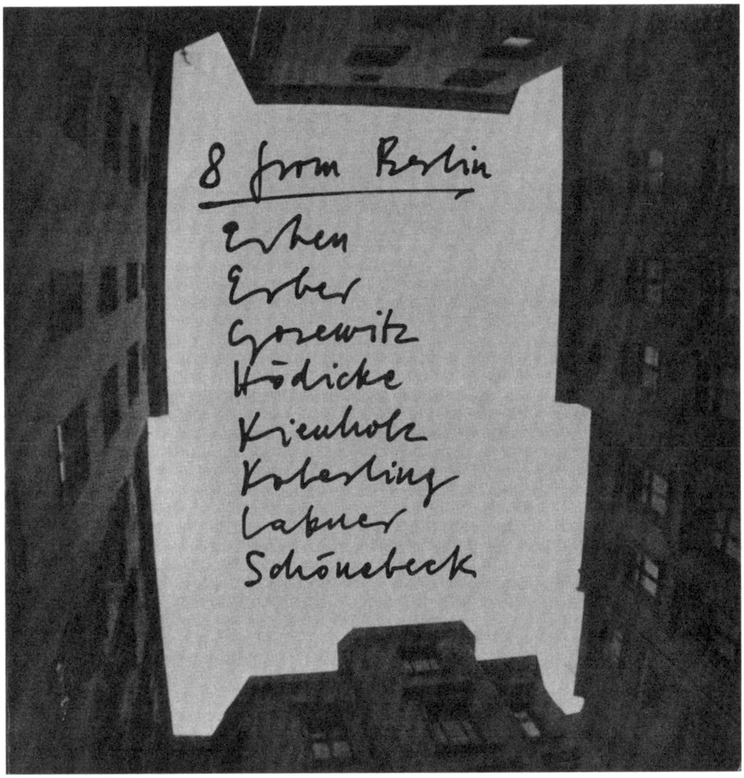

Katalog-
umschlag mit
den Namen
der 8 Künstler

nen Trend weg von der abstrakten Malerei, hin zu einer neuen Figuration hält der *New Spirit* auch Einzug in die Galerie von Folker Skulima. Hödickes neuer, leicht aufgetragener Expressionismus, der den Furor von Jackson Pollock und das Pathos der expressionistischen Frühzeit gleichermaßen hinter sich lässt, ist die markanteste Handschrift dieser Entwicklung. In Hödickes großem Schatten sind zugleich die Umrisse eines kommenden Ereignisses sichtbar, das den Lauf der Dinge noch beschleunigen wird: der Auftritt der sogenannten Neuen Wilden.

Jede künstlerische Richtung hat die Tendenz, auf ihrem Höhepunkt ins Gegenteil umzuschlagen und das Alte zu negieren. Diese Einsicht spiegelt sich in vielen drastischen Statements wider, etwa der von Jean Fautrier: »Die Malerei kann nicht anders, sie muss sich zerstören, um sich immer wieder zu erneuern.« Aber die Lebenswirklichkeit ist differenzierter. Anders als in der Mode, die halbjährlich eine neue Konfektion auf den Markt wirft und die Lager räumt, ist der Pulsschlag von Kunst und Kunstmarkt ein anderer. Die neuen Strömungen fließen hier langsamer und das Motto, dass nichts bleibt wie es war, gilt nur eingeschränkt. Neue Stile und Bildsprachen lösen sich ab, aber starke Ideen verschwinden nicht einfach – oder sagen wir: nur von der aktuellen Bildfläche. Sie überleben an den Rändern, überdauern und warten auf die Chance einer Wiederkehr und neuen Wahrnehmung. Die Kunstwelt ist immer auch eine Hüterin des Alten. Ein schönes Beispiel für das überraschende Auftauchen und Zur-Geltung-bringen eines einst hypermodernen und dann nahezu verstummten Kunstkonzeptes ereignete sich gerade an jener Zeitstelle, wo der *New Spirit in Painting* die Türen der 80er-Jahre aufstieß.

Berlin-Charlottenburg, Niebuhrstraße 2. Die Tür zur Galerie Skulima geht auf. Ein Mann tritt ein. »Guten Tag, ich heiße Otto Hofmann und bin vom Bauhaus.« Ein Mann um die Siebzig, doch er wirkt wie ein Junger. Noch bevor er's sagt, spürt FS, dass er ausstellen will, in der Stadt natürlich, in der er seine ersten Erfolge hatte, Anfang der Dreißigerjahre mit seinen Künstlerfreunden bei Karl Nierendorf. Danach verließ er Deutschland: erzwungene Wanderjahre, die ihn nach Paris, in die Schweiz und nach Italien führten, wo er sich niederließ. Was war dieser Mann nicht alles. Nicht nur Maler, auch Designer, Architekt und – ja, Landwirt, ein Liebhaber der mediterranen Agrikultur. Aber in der Kunst ist er seinen Prinzipien treu geblieben. Die Bauhausideale haben ihn aufrecht gehalten und wieder nach Berlin geführt, wo sie alle irgendwie einmal hingehörten, Schlemmer und Kandinsky, Klee und Feininger, Albers, Breuer, Gropius, Mies van der Rohe, Moholy-Nagy.

Seine letzte Berliner Ausstellung hatte Otto Hofmann 1971. Aber hielt dieses Berlin noch den Vergleich aus mit dem Berlin der Bauhauszeit? Gab es noch die seinerzeit gerühmte Qualität des Publikums, gab es die großen Kritiker noch wie Adolf Behne oder Carl Einstein? Wo waren Galeristen vom Schlage der Walden, Cassirer, Neumann, Nierendorf, wo die großen Sammler von damals und die mutigen Museumsleute? Der Neue Berliner Kunstverein hatte sich viel Mühe gegeben mit jener Ausstellung von Hofmanns Bildern, doch den Künstler zog es zurück zur Arbeit in sein Dorf an der Riviera. Jetzt, zehn Jahre später, war er wiedergekommen, wollte seine Lieblingsbilder noch einmal ausgestellt, vielleicht publiziert sehen. So war er unversehens hereingeschneit in die Galerie, wie traumwandlerisch gerade in diese. FS fragte ihn gleich nach dem Bauhaus, nach seinen jungen, revolutionären Jahren. Er habe damals unentwegt gearbeitet; was er verkaufen konnte, sei in alle Winde zerstreut, einiges zerstört, anderes verschollen. Aber erst neulich habe er einen kleinen Satz Collagen wiedergefunden, aus den frühen 30er-Jahren.

Hofmann trug die Mappe unterm Arm und zeigte die Blätter her. Skulima war spontan begeistert. Er hielt das Werk eines junggebliebenen Wilden in den Händen und freute sich, wie schon lange nicht mehr. Ohne Umschweife gingen die beiden ans Plänemachen. Schnell einigte man sich, ein Buch daraus zu

Otto Hofmann, *Night Collages / Nacht Collagen*, verlegt von FS, 1981

machen. Doch in welcher Ausstattung und Auflage? Wer sollte zu den Collagen die passenden Worte einer poetischen Interpretation finden? FS brachte seinen Dichterfreund Timothy Baum ins Spiel, der in New York lebte und den Job mit Freuden übernahm: unter den Originaltiteln der 11 Collagen – *Die Sterne lügen nicht / Die Austreibung des, des! / Der ertappte Gatte / »Begegnung!« auf dem Quai / Erlebnis im Hallenbad / Frauenmacht oder Gespräche in geistigen Höhen! / Triumph der Schönheit / Beschützer der Schönen Künste / Der Olymp des Malers K. / Das Wunder der Hand / Schopenhauer und seine Muse* – kleine surrealistische Texte zu verfassen. Er fand auch den verbindenden Buchtitel: *Nachtcollagen / Night Collages*. Und so erscheint 1981, als der Zeitgeist vollauf damit beschäftigt ist, die ganz vorne auf die Tagesordnung gesetzte Berliner Figuration ins rechte Licht zu rücken, eine wunderschöne Ausgabe der Arbeit von Otto Hofmann, zweisprachig, mit Texten von Timothy Baum, eingeleitet und verlegt von Folker Skulima, in einer limitierten Edition von 999 nummerierten Exemplaren, 75 davon vom Künstler und vom Schriftsteller signiert.

Die spontane Zusammenarbeit von Otto Hofmann und FS war beileibe keine Eintagsfliege. Sie offenbart vielmehr den festen Boden des Avantgarde-Galeristen, der nicht immer ins Auge springt: seine tief empfundene Liebe zur frühen Avantgarde der 20er- und 30er-Jahre. Für Skulima war es deshalb alles andere als ein Zufall, dass Hofmann gerade ihn aufsuchte. Es war die intuitive Bestätigung einer Seelenverwandtschaft – und damit im vollen Sinn des Wortes ein Glücksfall. Das anhaltende Interesse, das Skulima zeitlebens mit jener spirituellen Quelle verbunden hat – seine Weise, aus dem »tiefen Brunnen der Vergangenheit« zu schöpfen – wird augenfällig in den historischen Werkschauen, die er veranstaltet hat. Zu den wichtigsten zählen die Ausstellungen mit Exponaten von Max Ernst, Hannah Höch und Jean Fautrier. Ferner eine Gruppenausstellung zum Dadaismus und Surrealismus, die unter dem Titel *Von Duchamp bis Schwitters* (weiteren) Künstlern wie Francis Picabia, Raoul Hausmann, René Magritte und El Lissitzky gewidmet war.

Die Rückbesinnung auf die frühe europäische Avantgarde macht erst die Faszination verständlich, mit der Folker Skulima auf die jüngeren avantgardistischen Strömungen von Abstraktem Expressionismus, Minimalismus und Konzeptkunst reagierte. Es sind amerikanische Gewächse, die nur verstehen und entsprechend gewichten kann, wer ihre europäischen Wurzeln nicht unterschlägt. Das Vermögen, das irritierende Fremde als die Wiedergeburt des verblassten Eigenen wahrzunehmen, eröffnet den Zugang zu einem starken Stück Kunstgeschichte. FS ist deshalb dem Abenteuer Amerika nicht ausgewichen, im Gegenteil. 1972 fliegt er zum ersten Mal in Begleitung seiner Frau in die Vereinigten Staaten. Er wird in den nächsten Jahren viele Male wiederkommen, bis er im Jahre 1980 in New York ein eigenes Appartement erwirbt. Ein großer Lernprozess nimmt seinen Lauf.

5

Schon auf den ersten Blick beeindruckt den neu Ankommenden die schiere Größe der Räume und Anlagen, in denen sich in den USA die Kunst bewegen und zeigen, wahrgenommen und gewogen werden kann. Etwa das Metropolitan Museum of Art (MET), das größte Kunstmuseum der USA und zugleich eines der bedeutendsten Universalmuseen der Welt, das erst zwei Jahre vor Skulimas erstem Eintreffen mit großem Aplomb sein *centennial* feiern konnte. Mit einer wahrhaft imperialen Begrüßung empfängt das im neoklassizistischen Stil errichtete, über 300 Meter lange Gebäude den Besucher, der sich von der Fifth Avenue kommend, den Central Park zur Linken, die vornehmen Apartmentblocks zur Rechten hinter sich lassend, dem grauen Sandsteinbau nähert. Eine Ehrfurcht gebietende Treppenanlage führt von der Straße hoch hinauf zum säulenflankierten Eingang. Dahinter öffnet sich eine dreifach überkuppelte Eingangshalle, von der eine mächtige Treppe hinauf ins Obergeschoss führt, wo sich nach beiden Seiten großzügige Galerieflügel verzweigen – und was vorzeigen?

Inside MET lässt sich aufgrund seiner Komplexität nicht auf *einen* Begriff bringen. Aber die Eckpfeiler vieler kuratierter Abteilungen des Museums bestehen seit Anbeginn aus Stiftungen und Geschenken hochvermögender Privatsammler, die eher der konservativen Oberschicht New Yorks angehören und mit dem Kuratorium des MET ein traditionelles und gediegenes Kunstverständnis und die dazu passende Kunstauswahl teilen: Amerikanischer Realismus und Impressionismus. Als Gegenspieler des MET, des ersten Platzhalters musealer Kunst auf amerikanischem Boden, hat sich das 1929 gegründete Museum of Modern Art (MoMA) etablieren können. In Midtown Manhattan gelegen, imponiert es durch die Strahlkraft eines modernen, im minimalistischen Stil errichteten Gebäudes schon rein architektonisch als Counterpart, der um die kulturelle Vorherrschaft in New York zu kämpfen gewillt ist. Schon in den frühen Jahren stellte das MoMA, getragen vom Enthusiasmus seines ersten Direktors Alfred Barr, die Weichen für den Ankauf und die Präsentation avantgardistischer Kunst. Ein Schwerpunkt der Arbeit galt speziellen Sonderausstellungen wie *Machine Art* (1934), *Cubism and Abstract Art* (1936) und *DADA , Surrealism* (ebenfalls 1936). Im Blick hatte Barr den Kunstgeschmack der New Yorker Intellektuellen sowie der aufstiegsorientierten, sich selbst als modern definierenden Mittelschicht. Beabsichtigt war aber auch eine behutsame Einflussnahme auf die Einstellung des Kuratoriums des MoMA, das (anders als dasjenige des MET) die durch den Wirtschaftsboom zu Geld gekommenen, liberal orientierten Aufsteiger der USA repräsentierte.

Natürlich blieben MET und MoMA nicht die einzigen Player in der amerikanischen Kunstwelt. 1931 wurde das Whitney Museum of American Art gegründet und im Jahre 1937 betrat das Solomon R. Guggenheim Museum die Szene. Ab 1940 gab es dann die *Buy American Art Week*, eine jährlich stattfindende Veranstaltung für den Ankauf zeitgenössischer amerikanischer Kunst, eine Vorläuferin der späteren großen Kunstmessen. Der größte Schub in Richtung Wachstum und Ausdifferenzierung verdankt sich jedoch einem politischen Ereignis von größter Tragweite: dem Ausbruch des Zweiten Weltkrieges. Amerikas Unterstützung der Alliierten und der nachfolgende Kriegseintritt (1941) kurbelten nicht nur die Wirtschaft an, die mit Vollbeschäftigung, Preisstabilität und wachsender Kaufkraft aufwarten konnte; der (eine zehnjährige Krise ablösende) Wirtschaftsboom löste völlig unerwartet einen Kunstboom aus. In kürzester Zeit stieg die Nachfrage nach Kunst rapide an, was unter anderem die massenhafte Gründung neuer Galerien zur Folge hatte. Allein in New York wuchs ihre Zahl in den fünf Kriegsjahren von 40 auf 150. Ein steiler Anstieg sowohl der Mitgliederzahlen der großen Museen als auch der Besucherzahlen bestätigte den Trend. Als neue Kunstklientel waren gutverdienende Käufer aus der breiten Mittelschicht mit Vorliebe für amerikanische Kunst an die Seite der elitären Sammler und Kunstkenner getreten. Durch ihre schiere Zahl hatten sie den alten Kunstmarkt in einen Massenmarkt verwandelt.

Der Zweite Weltkrieg war indes der Vater noch ganz anderer Dinge und Entwicklungen auf dem Parkett der Kunst. Mit der Besetzung von Paris durch deutsche Truppen verlor das alte Weltkunstzentrum seine Stellung. Viele der führenden Künstler – darunter so prominente wie Max Ernst, Marc Chagall, Salvador Dalí und Piet Mondrian – verließen die Stadt und flohen nach New York. Die Pariser Avantgardeszene zerfiel, die letzten Aktiven wurden in die Illegalität gezwungen. Schon zuvor waren mit der Schließung der europäischen Grenzen zahlreiche amerikanische Kunstexperten und Kunstsammler, die normalerweise ihre Zeit damit verbrachten, Europa zu bereisen, nach New York zurückgekehrt. Dort trafen sie nun auf die aus Paris geflohenen Künstler, die in der Weise eines ungeplanten Kulturtransfers ihre künstlerischen Ideen und Errungenschaften mit in die USA gebracht hatten. Mit einem Schlag hatte New York alle Startchancen auf seiner Seite, um nach Paris zum neuen Zentrum der internationalen Kunstszene aufzusteigen.

Die aus Europa geflohenen Avantgardekünstler hatten die Pariser Bühne verloren, aber ihre so kapriziöse wie anziehende Gruppenidentität bewahrt –jene Mischung aus visionärer Schaffenskraft und leichtlebiger Boheme, welche die amerikanischen Künstler immer schon bewundert hatten. Das Aufleben dieser Form einer losen Künstlergemeinschaft, die sich regelmäßig in Bars und Restaurants, in Galerien und Ateliers trifft, wirkte anziehend und belebend auf die jüngere Generation amerikanischer Künstler. Diese waren durch den direkten Kontakt mit den »französischen Surrealisten« (wie die Gruppe der europäischen Künstler genannt wurde) nun endlich in der Lage, den Anschluss an die neuesten künstlerischen Innovationen und Experimente zu finden und kreativ zu verarbeiten. So entstand Schritt für Schritt eine eigenständige inner-amerikanische Avantgardebewegung: der Abstrakte Expressionismus. Der erste genuin amerikanische Kunststil der Moderne, herausgebildet von Künstlern wie Jackson Pollock, Clyfford Still, Robert Motherwell, Franz Kline, Arshile Gorky und Willem de Kooning, war stark genug, nun seinerseits die europäische Malerei zu beeinflussen. Es war diese Kraft, welche die Neue New Yorker Schule (die ihren städtischen Treffpunkt in der Cedar Tavern hatte) zum Gütesiegel machte, mit dem die City ihren Anspruch bekräftigte, fortan als anerkanntes Weltkunstzentrum zu gelten.

Der historische Rückblick veranschaulicht, unter welch einzigartigen historischen Bedingungen die Kunstentwicklung der USA es in relativ kurzer Zeit vermocht hat, im Wettbewerb mit anderen Kunstmetropolen die Pole-Position einzunehmen. Zum Lehrstück für den europäischen Besucher wird die Geschichte, wenn die neuen Regeln der Kunst unter dem Gesichtspunkt eines komplexen Zusammenspiels der Künstler mit anderen Vertretern des Kunstmarktes betrachtet werden: mit Kunstkritikern und Galeristen, mit den Leitern von Messen und Museen, mit Sammlern und Kunstkennern – und nicht zuletzt mit dem Publikum, das nicht länger nur Ausstellungen besucht, sondern eine eigene Käuferschicht darstellt.

Der Kunstdiskurs über die neue amerikanische Avantgarde fand vor allem in den Zeitschriften *Partisan Review* und *Nation* statt. Insbesondere Clement Greenberg, einer der einflussreichsten Kritiker der späten 40er-Jahre, feierte den Abstrakten Expressionismus als Synthese der wichtigsten Kunstrichtungen der letzten Jahrzehnte in der Tradition eines radikalen Modernismus. Diese Verortung im kunsthistorischen Kanon stärkte nicht nur das Selbstbewusstsein der Künstler, es trug auch wesentlich zur Wahrnehmung und Wertschätzung der neuen Kunst in der Öffentlichkeit bei. Diese galt nun als Schwergewicht *sui generis*, das sich erfolgreich dem zeitgenössischen Amerikanischen Realismus gegenüber positioniert hatte. Magazine wie *Life*, die sich der alten Kunst verpflichtet fühlten, sahen sich nun gezwungen, wie immer auch abwertend über die neue Kunst zu berichten (so in einem Artikel über die *Action Paintings* von Jackson Pollock). Ungewollt verhalfen sie so der Gegenseite zu einer immensen Publicity. Die Galeristin Betty Parsons, die damals Pollock ausstellte, konnte nach dem Erscheinen des *Life*-Artikels nahezu alle ausgestellten Werke des Künstlers verkaufen.

Mit dem Namen Betty Parsons öffnet sich der Reigen jener New Yorker Galerien, die sich sehr früh auf die Seite des Abstrakten Expressionismus schlugen und mit einigen ihrer Vertreter sehr intensive persönliche und geschäftliche Beziehungen unterhielten. Parsons Galerie, die im Jahre 1946 eröffnete, entwickelte sich rasch zu einem der zentralen Künstlertreffpunkte der Avantgardeszene, wo sich unter anderem Still, Pollock, Rothko und Newman regelmäßig einfanden. Er war natürlich auch ein Umschlagplatz für die Vermittlung zu den Museen, Kritikern und Sammlern – und dies nicht ohne Konfliktpotenzial. Aufgrund der ausgesprochen kunstorientierten Ziele der Galerie sahen Pollock, Rothko und Still ihre monetären Ziele gefährdet und ihre Felle davonschwimmen. Sie wechselten schließlich zu Sidney Janis; ein interessanter Mann, der auf die Idee verfiel, in parallelen Einzelausstellungen bedeutende Vertreter des Abstrakten Expressionismus neben den Größen des europäischen Kubismus und Surrealismus zu präsentieren. Der ungeheure Kulturtransfer zwischen Europa und Amerika wurde so direkt sichtbar; ein Umstand, der manchen Liebhaber der europäischen Avantgarde dazu brachte, dem amerikanischen Modernismus fortan verstärkt sein Augenmerk zu schenken. Ein Image- und Prestigegewinn der anderen Art gelang dem Galeristen Samuel Kootz. Er vermochte Pablo Picasso, der bisher jeden Auftritt in den USA abgelehnt hatte, für eine Ausstellung in New York zu gewinnen. »Picasso in der Stadt!« Der Aufschrei war beispiellos, der anschließende Zuwachs an Ansehen und Aufschwung phänomenal, für den Galeristen wie für die von ihm vertretenen Künstler gleichermaßen.

Picassos Brückenschlag zwischen den Kontinenten fand im Jahre 1947 statt, ein Jahr nachdem eine andere große Gestalt des europäisch-amerikanischen Kulturaustausches nach Europa zurückgekehrt war: Peggy Guggenheim. *Last but not least* ist sie die Erste in der langen Reihe der Galeristen, welche die altehrwürdige europäische Avantgarde in New York sichtbar machte und nachfolgend die Türen der Kunstszene für die neue amerikanische Avantgarde weit aufstieß. Mit der Eröffnung ihrer Museums-Galerie Art of this Century (1942) engagierte sich Peggy Guggenheim in doppelter Mission. Über die Ehe mit Max Ernst bestens vernetzt, setzte sie sich einerseits für die Rettung der Pariser Avantgardekunst vor dem Faschismus ein, begrüßte und unterstützte andererseits leidenschaftlich das Auftreten einer neuen Avantgarde auf amerikanischem Boden. Ihre ästhetischen Entscheidungen und die Auswahl der von ihr protegierten Künstler waren richtungsweisend nicht zuletzt deswegen, weil sie immer wieder Experten des MoMA zu Rate zog. Zu ihrem Favoriten avancierte Jackson Pollock, der Ende 1943 in der Guggenheim Galerie seine erste Einzelausstellung erhielt. Im Jahr darauf gelang dem Künstler der endgültige Durchbruch im Zuge der Ausgestaltung des Eingangsbereichs von Peggy Guggenheims neuem Wohnsitz: der Schaffung eines Gemäldes auf einer übergroßen Leinwand von 6,90 Meter Breite und 1,80 Meter Höhe. Ein *Must-see* innerhalb der Szene. Mit weiteren Einzelausstellungen von Clyfford Still, Robert Motherwell, Mark Rothko und Hans Hofmann schuf Peggy Guggenheim die Voraussetzungen für eine intensive Auseinandersetzung seitens der Kunstkritik, der Museen sowie der weiten Kreise von Kunstkennern und Sammlern.

Mit Blick auf die Schwingungen der neuen Kunst war innerhalb der New Yorker Museumslandschaft eindeutig das MoMA die tonangebende Stätte, ein Ort nicht zuletzt für Anstöße und Initiativen. Schon Mitte der 30er-Jahre hatten einige Künstler als Reaktion auf die große Ausstellung *Cubism and Abstract Art* die Gruppe »American Abstract Artists« (AAA) gegründet. Dies war damals ein wichtiger Schritt für die Ausbildung einer modernen Künstlerbewegung innerhalb der New Yorker Kunstszene – so etwas wie ein Start-up für den späteren Abstrakten Expressionismus. Im Zuge der schrittweisen Durchsetzung der neuen Kunst änderte sich das Verhältnis zwischen jener Gruppe von Künstlern und »ihrem« Museum grundlegend. Als das MoMA im Jahre 1952 die Ausstellung *Fifteen Americans* auf den Weg brachte, war dies nichts weniger als ein machtvolles Zeichen für die hochoffizielle Etablierung des Abstrakten Expressionismus auf der Museumsebene. Durch sein enormes Prestige bestätigte das MoMA der Öffentlichkeit gegenüber den Status der Werke von Pollock, Rothko, Still und anderen als Kunst im allgemeinen und als Teil des bewahrenswerten Erbes der amerikanischen Kunst im besonderen. Gleichzeitig feierten die ausgestellten Künstler ihren internationalen Durchbruch.

Im Verlauf der 50er-Jahre verdichteten sich die Anzeichen für eine neue Entwicklung innerhalb der amerikanischen Kunstszene, die schrittweise auf die Ablösung der Avantgardebewegung hinauslief. Jasper Johns und Robert Rauschenberg hießen die Wortführer einer aufständischen neuen Künstler-Generation, die eine Wiederanbindung der künstlerischen Bildwirklichkeit an die Lebenswirklichkeit anstrebten und zum Programm erhoben. Mit der Integration von alltäglichen, der städtischen Umgebung entnommenen Elementen erzielten ihre Bilder eine überwältigende Wirkung. Auf institutioneller Ebene kam es zu einer neuen Runde im Zusammenspiel der unterschiedlichen Akteure der New Yorker Kunstszene. Den Auftakt, die neue Bewegung aufzugreifen und zu fördern, machte die damals noch relativ junge Galerie von Leo Castelli, indem sie schon 1958 Werke von Johns und Rauschenberg in Einzelausstellungen präsentierte. Ihren rasanten Aufstieg in den Olymp der international anerkanntesten Galerien verdankt sie nicht zuletzt der Strategie, in erster Linie auf die Durchsetzungsfähigkeit kreativer Newcomer zu setzen und nicht auf den Selbstläufer eines Imagetransfers schon etablierter Künstler. Ivan Karp, der ein Jahr später als stellvertretender Direktor in die Galerie eintritt, wird diese geschickte Verkaufsstrategie sehr erfolgreich weiterführen.

Um die Jahreswende 1959/60 zog das MoMA als Wächterin der Moderne nach. Unter dem vielsagenden Titel *Sixteen Americans*, der ganz offen einen Nachfolgeanspruch reklamiert, präsentierte die Kuratorin Dorothy C. Miller in einer Gruppenausstellung Werke von Johns, Rauschenberg, Stella und dreizehn weiteren Künstlern. Rauschenbergs Rolle ist besonders interessant und aufschlussreich. Er ist (neben Johns) nicht nur die zentrale Gestalt für die Wachablösung der Abstrakten Expressionisten, mit der Verwendung von Comic- und Zeitungsausschnitten ist er zugleich ein *Gate-keeper* für die nachfolgenden Pop-Art-Künstler. Als Rauschenberg 1964 in Venedig mit der Verleihung der höchsten Auszeichnung der zeitgenössischen Kunst gefeiert wird, hat der ehemalige Werbegrafiker Andy Warhol längst sein Experimentierfeld in der »Factory« aufgebaut und die Verwendung trivialer Sujets wie Cartoon- und Comic-Motive, aber auch die Images von Hollywoodstars zum Markenzeichen einer neuen Kunstrichtung erhoben. Mit der Einführung des maschinellen Siebdruckverfahrens und dem besonderen Kick einer seriellen Wiederholung der Motive gelingt ihm spätesten 1965 der Durchbruch. Auf dem internationalen Kunstmarkt wird Warhol als derjenige gefeiert, der die allgegenwärtige Konsum- und Massengesellschaft am kompromisslosesten ins Bild setzt – *notabene* aus der Position einer urbanen Gegenkultur heraus.

Starke Geschichten. Sie können hier enden, weil die Vergegenwärtigung der dynamischen Entwicklung der künstlerischen Moderne in den Vereinigten Staaten ihr Ziel erreicht hat. Der historische Rückblick hat die wichtigsten Orte und Ereignisse, Institutionen und Personen Revue passieren lassen, die jene einzigartige Kunstlandschaft geprägt haben, in die Folker Skulima bei seinen zahlreichen USA-Besuchen in den 70er-Jahren eintreten und sich bewegen wird. So lernt FS sehr bald Andy Warhol persönlich kennen, den Star seiner allerersten Ausstellung in Berlin. Er wird in die legendäre »Factory« eingeladen und erfährt dort, dass die Zeit der sogenannten *Screen Tests* vorbei ist, die berühmt-berüchtigten »Probeaufnahmen« von Besuchern, Künstlern, Prominenten. Damals – das war die wilde Zeit vor dem Attentat, das von Valerie Solanas auf Warhol verübt wurde (und das dieser überlebte) – setzten sich die Betroffenen auf einen Stuhl, mitten hinein in das gleißende Licht einer Lampe. Warhol schaltete eine Kamera ein und verließ den Raum. Der alleingelassene Proband musste ca. 3 Minuten das Auge der Kamera ertragen, so lange bis die Filmrolle durchgelaufen war. Die Leute reagierten sehr unterschiedlich; es gab Reaktionen vom Heulkrampf bis zum Totstellen. Jetzt arbeitete Warhol primär als Filmproduzent, wobei er sich vor allem als Pionier des Videofilms profilierte, dessen postmoderne Ästhetik er maßgeblich beeinflusste.

Skulima – der in der Szene (vor allem bei den von ihm geförderten Künstlern) dafür bekannt und beliebt war, mit großer Nonchalance Bekanntschaften und Freundschaften eingehen und pflegen zu können – hatte das Glück, auch den Menschen Warhol, der sich hinter der Maske des Künstlers in fast autistisch wirkender Weise versteckte, ein wenig näher kennenzulernen. So entpuppte sich die unnahbare Ikone der Factory im privaten Umgang unter anderem als leidenschaftlicher Sammler, der mit seiner Einkaufstasche loszog, um über die diversen Flohmärkte der Stadt zu streifen, stets auf der Suche nach den speziellen Porzellangefäßen, die früher der Aufbewahrung von Plätzchen (»cookies«) dienten. Er hortete sie zuhauf und füllte sie, einer unstillbaren Gier folgend, mit Süßigkeiten. Wie Tom Wolfe glaubhaft überliefert hat, pflegte er auf Partys gereichte Häppchen mit den Worten auszuschlagen: »Oh, I only eat candy.« Der Peter Pan der Pop Art: kreativ, kurios, kindisch, einer »bag-lady« ähnlicher als einem internationalen Superstar. Später wird man schreiben, dass diese Fäden zu seiner Mutter zurückführen, mit der er 42 Jahre zusammenlebte, in einem Haus voller Katzen, die alle ein und denselben Namen erhielten. Verdankt sich Warhols sprichwörtliche Vorliebe für die *multiple art* – etwa die 30-fache Vervielfältigung der Mona Lisa – am Ende dem Fest der Ununterscheidbarkeit, das seine Mutter Julia Warhola inszenierte, indem sie ihre Katzen eine nach der anderen Sam taufte, Sam Sam Sam, immer wieder Sam, 25-mal, um genau zu sein? Niemand kann es wissen.

Einen anderen Großen der internationalen Kunstwelt, Cy Twombly, traf FS per Zufall mitten in der Stadt. Cy, den er ebenfalls bereits ausgestellt hatte, aber noch nicht persönlich kannte, lief ihm auf der Madison Avenue über den Weg, *en route* zu einer Auktion bei Sotheby Parke-Bernet. Dort stand ein Bild von ihm zum Kauf, eins aus der Serie der sogenannten *Gray Paintings*, ausgezeichnet mit einem Schätzpreis von $ 100.000. Twombly wollte, wie er Skulima wissen ließ, unbedingt bei der Auktion anwesend sein, um getrieben von innerer Unruhe live mitzubekommen, ob sich für diesen Preis ein Käufer finden würde. Damals, im Herbst 1977, war das eine Menge Geld für einen Twombly. Zum Vergleich: Bereits Ende der 60er-Jahre wurden Werke von Rauschenberg um diesen Preis gehandelt, so etwa auf dem 3. Kölner Kunstmarkt von 1969, wo ein Bild von ihm mit DM 110.000 ausgezeichnet war – und, nebenbei gesagt, René Block dazu anstachelte, für die neueste Arbeit von Joseph Beuys (die Objektgruppe *The pack*) den gleichen Preis zu fordern.

Was in Köln gut ausging und Beuys enorm nach vorne pushte, klappte mit Verspätung auch bei Twombly. Der wird in späteren Jahren, in denen seine Werke für mehrstellige Millionenbeträge versteigert wurden, mit einem Lächeln auf jene frühe, noch mit Anspannung von ihm verfolgte Auktion zurückgeschaut haben.

Für Folker Skulima war die Begegnung dagegen ein Lehrstück. Twombly gehörte ja zur Generation von Rauschenberg und Johns. Aber er hatte den Anschluss an die beiden führenden Freunde verloren. Auch in der Kunstkritik wurde er als der ins Abseits geratene Dritte apostrophiert. So schrieb Robert Hughes über Twombly: »The Third Man, now a shadow figure, besides that vivid duumvirate of his friends Jasper Johns and Robert Rauschenberg.« Aber die Zeiten sollten sich ändern. Es lohnt sich also für den Galeristen, einem Maler über schwierige Phasen hinweg die Treue zu halten. Der gefühlte Wert für die Arbeiten eines Künstlers, die ein Galerist in seinen Räumen ausstellt, ist nicht verrechenbar mit der Preiskalkulation der Auktionshäuser. Gleichwohl sind diese zu einem so regulativen wie spekulativen Moment der weltweiten Kunstszene aufgestiegen – und dort nicht mehr wegzudenken.

Ein weiterer wichtiger Kontakt, der sich sehr schnell zu einer veritablen Freundschaft entwickelte, war der zu Ivan Karp, einem in New York exzellent vernetzten Kunsthändler und Galeristen. Nach Stationen als Kunstkritiker für die *Village Voice* und künstlerischer Berater der Hansa Gallery wechselte Karp 1959 als Co-Direktor zur Leo Castelli Gallery. Es war die Zeit des Übergangs von den Neuerungen eines Johns und Rauschenberg hin zur Pop-Kunst eines Roy Lichtenstein, Andy Warhol, Claes Oldenburg oder Tom Wesselmann. Es waren die Karrieren der zuletzt genannten, denen Karp maßgeblich zum Erfolg verhalf und die ihm den Ruf des führenden Pop Art Dealers der 60er-Jahre eintrug.

Als Skulima Karp in den 70ern kennenlernte, hatte dieser Castelli nach einer zehnjährigen erfolgreichen Zusammenarbeit längst verlassen und eine eigene Galerie aufgemacht. Er traf damals also auf den zigarrerauchenden, gleichermaßen gewandten wie zupackenden Direktor der OK Harris Gallery N.Y., die erste Galerie auf dem West Broadway und sicherlich die einzige weit und breit, in deren Räumen zugleich ein Zigarren-Geschäft untergebracht war. Karps Galerie war ein einzigartiger Treffpunkt für die Künstlerszene im neu aufgemischten SoHo-Galeriebezirk, damit ein idealer Ort für FS, den deutschen Kollegen, um über intensive Gespräche und Atelierbesuche die Besonderheiten des amerikanischen Kunstschaffens noch genauer erkunden zu können. Er lernte zudem das Umland kennen, denn Ivan und seine Frau Marilyn zog es im Sommer in ihr Haus nach Provincetown, Massachusetts. Und die Skulimas, Folker und seine ihn begleitende Frau Hilke, waren eingeladen. Hier auf dem Lande bestand das Vergnügen unter anderem darin, die diversen Country Fairs zu besuchen, bessere Flohmärkte, wo Händler ihre *Antiques* anboten, darunter Möbel, Bilder und Bücher.

Bei einem dieser Streifzüge stieß Skulima auf ein bemerkenswertes Bild, das er sofort erwarb. Es stammte von Erika Giovanna Klien, einer Hauptvertreterin des Wiener Kinetismus, die 1929 nach New York übersiedelte. Da war sie

Erika Giovanna Klien, *Tango*, 1930er-Jahre, Öl auf Leinwand, ca. 130 x 70 cm

zurück, die Geschichte vom Transfer der Europäischen Moderne nach Amerika, hier in der friedlichen Version, denn Klien kam nicht als Flüchtling, sondern aus Karrieregründen. Doch was sie mitbrachte, das waren die aufregenden Ideen und Entwürfe eines neuen Stils, der mit dem französischen Kubismus, dem italienischen Futurismus sowie dem russischen Konstruktivismus verwandt war. Im Kern handelte es sich um die Weiterführung einer Kunstrichtung der österreichischen Moderne, die auf den Maler und Hochschullehrer Franz Čižek zurückgeht: den Versuch, verschiedene Bewegungsabläufe – die Sequenz eines Tanzes nicht anders als den Flug eines Vogels oder das schubweise Anwachsen eines Gebäudes – mit den Mitteln der kubistischen und konstruktivistischen Bildsprache einzufangen. Erzielt wird eine Art von Fächerung sich ineinander schiebender Phasen, welche die Arbeit des Zeitraffers im Raum wiederholt. Klien brachte den besonderen Blick und die zugehörige Maltechnik, die sie etwa in ihrem bekanntesten Frühwerk *Kinetisches Marionettentheater* (1924–26) erprobt hatte, mit in die USA, wo diese Kunst dann unter dem Label ihres Lehrers bekannt wurde, als »Čižek Method«. Auf amerikanischem Boden entstanden später unter anderem kühne Stadtansichten von New York und Chicago. Begeistert von »der eigenartigen Schönheit des Alltags im Zeitalter der Maschinen« nahm sie dabei vor allem die pulsierenden Technologien ins Visier ihrer Kunst: *Aeroplane Starting* (1931), *Subway Express* (1950).

Eine weitere, ganz besonders herzliche Freundschaft verband FS mit Rachel Adler, die in New York die Fine Art Gallery führte. Sie war eine Galeristin der zweiten Generation, spezialisiert auf Europäische Kunst der verschiedenen Avantgarde-Bewegungen. Ihre Ausstellungen galten Künstlern wie Alexander Archipenko, Jean Arp, Francis Picabia, Alexander Calder – und Erika Giovanna Klien. Ein Sujet, das sich weitestgehend mit Skulimas Interessen berührte und den Austausch so anregend machte. Anlässlich einer Einladung zu einem Abendessen lernte Skulima Bernice Rose kennen, die seit 1976 als Kuratorin im Department of Drawings des MoMA arbeitete und sich in Fachkreisen unter anderem mit der Ausstellung *Jackson Pollock, drawing into painting* einen Namen gemacht hatte. Rose lud den deutschen Kunstfreund und Kollegen ein, sie im MoMA zu besuchen. Auf diese sehr persönliche Art erfuhr FS eine ganze Menge Interna über die Arbeitsweise des Museums; zugleich hatte er das Glück, eine Reihe weiterer wichtiger Persönlichkeiten aus dem Umfeld des MoMA kontaktieren zu können.

Als eine besonders ergiebige Quelle für das Verständnis der von außen nur schwer einsehbaren Relation von Museum und Kunsthandel sollte sich die Bekanntschaft mit Eugene Thaw erweisen, einer grauen Eminenz der New Yorker Kunstszene. Thaw war nicht nur ein gefragter Kunsthändler und Sammler, der als Gründungsmitglied der »Art Dealers Association of America« (ADAA) die Interessen seines Standes vertrat; er war zugleich ein einflussreicher Trustee des MoMA und darüber hinaus als Mitherausgeber des vierbändigen Werkverzeichnisses von *Jackson Pollock. Catalogue Raisonné of Paintings, Drawings und other Works* (1978) ein anerkannter Vertreter der Kunstgeschichte. Unter seiner Führung betrat Folker Skulima das MoMA, um ein besonderes Depot kennenzulernen, in dem Werke lagerten, die entweder als »redundant to the museum's holdings« galten oder einen »swing in curatorial taste« erlitten und an Wert eingebüßt hatten. So standen sie intern zum Verkauf. Das MoMA veräußerte viele dieser aussortierten Stücke direkt an Händler, nicht über Auktionen und damit an der Öffentlichkeit vorbei. Eine große Chance für Eingeweihte, die nun auch Skulima selbst ergreifen konnte. Laut Thaw war das Verfahren des MoMA außergewöhnlich. Andere Museen hatten andere Regularien. So durfte etwa das MET Werke im Wert über $ 5.000 nur über öffentliche Auktionen verkaufen.

Eine weitere bedeutende Gestalt, die Folker Skulima in New York kennenlernte, war Timothy Baum, ein institutionell unabhängiger Kunsthändler und Autor. Er war ein Spezialist in Sachen Surrealismus und DADA, der viele Vertreter dieser Epoche persönlich kannte, mit einigen befreundet war, darunter Salvador Dalí, Man Ray und René Magritte. Vor allem Ray hatte es Baum angetan. Er investierte viel Zeit in kunstgeschichtliche Forschungen über ihn und gab schließlich zusammen mit Andrew Strauss das Werkverzeichnis heraus. Diese schillernde Figur der frühen Avantgarde, die den meisten als Fotograf dieser Szene vor Augen steht, hatte ebenso wie die meisten seiner Freunde und Kollegen Paris Anfang der 40er-Jahre in Richtung New York verlassen. Dort angekommen war er dann einer der wenigen Flüchtlinge, die es weiterzog an die West Coast, nach Los Angeles. Ein Ort – zu dem übrigens auch FS während seines ersten USA-Aufenthalts einen Abstecher machte –, ein Ort nicht der Kunstszene, sondern der Filmbranche, in der Man Ray dann auch erfolgreich Fuß fassen konnte. Berühmt sind seine Aufnahmen von Filmgrößen wie Ava Gardner. Weniger bekannt, aber ebenfalls rühmenswert sind die literarischen Arbeiten von Timothy Baum, die im Zusammenhang mit Otto Hofmanns *Night Collages* bereits Erwähnung fanden.

Im Jahre 1980 verändern sich die Rahmenbedingungen, unter denen Folker Skulima sein zeitweiliges Eintauchen in das New Yorker Leben zu gestalten vermochte, indem er sich vor Ort eine eigene Wohnung einrichtet. Aus sporadischen Besuchen werden längere Aufenthalte. Aus der (sei es auch zur Tugend gemachten) Not entlassen, sich in öffentlichen Räumen wie Restaurants oder Museen verabreden zu müssen, erwächst das Vergnügen, Gäste privat einladen und empfangen zu können. Ein gern gesehener Gast im neuen Ambiente war Serge Sabarsky, ein erfolgreicher Galerist, der seinerseits mit dem Mäzen Ronald S. Lauder eng befreundet war. Die beiden bildeten ein einzigartiges Tandem. Sabarsky handelte und sammelte, Lauder wurde sein bester Kunde, der mit den erworbenen Kunstwerken ein privates Museum aufbaute und bestückte. Die hochrangigen Gemälde bewegten sich zwischen dem Wiener Jugendstil eines Gustav Klimt, dem Expressionismus eines Ernst Ludwig Kirchner und der leidenschaftlichen Malerei eines Egon Schiele. Nach dem Tod von Serge Sabarsky fiel die Entscheidung, den Bestand von Museum und Galerie in eine sogenannte Neue Galerie zusammenzulegen, und zwar nirgendwo anders als in der ehemaligen Stadtvilla von Grace Vanderbilt, an der Fifth Avenue, Ecke 86th Straße. An Serge, den alten Freund, erinnert das ins Gebäude der Neuen Galerie integrierte Café Sabarsky, das Folker bis auf den heutigen Tag noch gerne aufsucht, um eine Melange zu trinken.

Ein anderer Galerist, Richard Feigen, mit dem FS sich häufiger traf und austauschte, war aus Chicago nach New York gekommen. Ihm wurde nachgesagt, dass er in seinen Anfängen in den 50er-Jahren regelmäßig nach N.Y. pendelte, um den deutschen Emigrés Kunst abzukaufen, und es ihm auf diese Weise nach und nach gelang, einige Meisterwerke des deutschen Expressionismus zu erwerben. In seiner zweiten Galerie im aufblühenden Stadtteil SoHo stellte er mit sicherem Gespür schon 1966 Joseph Beuys aus. Ebenfalls in SoHo, in einem gusseisernen Loft-Gebäude, das den Charme der Architektur der frühen 20er-Jahre ausstrahlte, befand sich die Galerie Blum Helman, ein auf den Kunsthandel mit Pop Art spezialisiertes Unternehmen. FS konnte das erfolgreiche Duo, Irving Blum und Joseph Helman, nie zusammen als Gäste begrüßen; aus unerfindlichen Gründen kamen sie immer nur einzeln. Aber sie waren auch so stets willkommen. Ganz anders verhielt es sich mit dem Interesse, das Folker Skulima für die von Helen Serger geleitete Galerie La Boetie, Inc. bekundete, die sich an der Upper East Side befand. Helen war Galeristin für moderne Kunst, insbesondere für die europäische Avantgarde-Kunst des frühen 20. Jahrhunderts. Das war der eine Draht zu ihr; der zweite verdankte seine Kraft der Bewunderung dafür, dass sie die Erste war, die »artwork of pioneer woman painters« ausstellte – darunter die Werke von Hannah Höch, Sonia Delaunay und Eileen Gray.

Und dann gab es da noch zwei zum Teil verwirrende Geschichten um den Versuch, Werke von Barnett Newman nach Berlin zu holen. Im Jahre 1980 kamen Vertreter des Freundeskreises der Neuen Nationalgalerie nach New York, um ein bedeutendes Bild aus dem Nachlass des großen Colorfield-Malers für ihr Museum zu erwerben. Es handelte sich um die 4. Variation des Bildes *Who's afraid of Red, Yellow and Blue* (1969/70), eine voluminöse Farbfeldarbeit, die mit der Wirkung großer monochroner Flächen arbeitet. Skulima war involviert, viele Gespräche fanden in seiner Wohnung statt. Der Kaufpreis hatte es in sich; er lag bei $ 1.200.000. In Teilen der Berliner Öffentlichkeit stieß der Erwerb dieses Bildes auf massiven Protest; in der Boulevardpresse wurde es als »das Werk eines Anstrei-

Katalog zur Marcel-Broodthaers-Retrospektive im New Yorker MoMA

cherlehrlings« verhöhnt. Kunstbanausen wie diese gaben auf ihre Art eine Antwort auf die Frage des Künstlers. Doch wovor genau hatten sie Angst? Heute hängt das großartige Werk als ein herausragendes Einzelstück in einem eigenen Raum der Galerie und nimmt den Betrachter aufgrund seiner außergewöhnlichen Aura gefangen.

Ein paar Jahre später reiste der Direktor des Kupferstichkabinett in der Berliner Nationalgalerie, Alexander Dückers, nach New York, um Verhandlungen über den Ankauf der *18 Cantos* (1963/64) von Barnett Newman abzuschließen. Bei dem Werk handelt es sich um ein Portfolio von Lithographien, die »in vier Sätzen« ein Farbspektrum von Weiß und Schwarz, Blau, Gelb und Grün sowie Rot »melodisch durchlaufen« – wie Newman im Anklang an Vivaldis *Vier Jahreszeiten* seine künstlerische Idee einmal formulierte (und auf diese Weise auch über den Titel aufklärte). Verhandlungspartnerin war Annalee Newman, die Witwe des Künstlers, die Folker Skulima das Werk anvertraut hatte. Folgerichtig traf man sich mehrmals in seinem Appartement und kam schließlich zu einem für alle Seiten befriedigenden Abschluss. Die *18 Cantos* sind heute weltweit in elf großen Museen zuhause, darunter das New Yorker MET und MoMA sowie die Londoner Tate Gallery. In Deutschland besitzt neben der Berliner Nationalgalerie nur noch die Staatsgalerie Stuttgart einen kompletten Satz der Newmanschen Gesänge.

6

Das Faszinosum Amerika und die Strahlkraft seiner Museumskultur und Galeristenszene bleiben unangefochten, wenn daran erinnert wird, dass auf einem anderen Terrain, dem Feld der Kunstmessen, die europäische Vorrangstellung bestehen geblieben ist. Im Jahr 1970 gab es eigentlich nur drei wichtige Standorte: Köln, Basel und Brüssel. Zehn Jahre später zählte man sieben Kunstmessen: (neben den genannten) Bologna, Chicago, Paris und Maastricht. Seit dieser Zeit hat sich ihre Zahl vervielfacht; haben sich ihre Standorte über alle Kontinente verstreut. So ist seit 2000 New York mit der *Armory Show* vertreten, ab 2003 London mit der *Frieze Art Fair*. Aber das Flaggschiff unter den internationalen Kunstmessen befindet sich weiterhin im kontinentalen Europa; es fährt dort unter Schweizer Flagge: die ART BASEL – heute ein weltumspannendes Unternehmen mit den Töchtern *Art Basel Miami Beach* und *Art Basel Hongkong*.

Ihrem Selbstverständnis nach ist die ART BASEL *das* Ereignis der Kunstwelt, das Mekka, zu dem Sammler und Galeristen, Museumsleute und Kuratoren, Kunstkritiker und Kunstliebhaber alljährlich im Frühsommer pilgern. Treffpunkt und Markt in einem, beeindruckt Basel mit dem Ausweis einer mondänen Leistungsschau der führenden Galerien und ihrer profiliertesten Künstler, dem Gütesiegel der »Swissness« als dem Versprechen höchster Qualität und Reputation sowie der Empfehlung eines seriösen Publikums mit kultivierter Aufmerksamkeit. Dies ist selbstverständlich ein Image, das Kritiker immer wieder herausfordert hat, es zu konterkarieren und gegenzuzeichnen: als Jahrmarkt der Eitelkeiten auf dem größten Laufsteg der Schweiz, als Zurschaustellung von Marktmacht und Finanzkraft, »der Vermählung von Kunst und Geld« (Pierre Bourdieu) im Leuchtfeuer blinkender *blue chips*, getreu dem Insiderspruch: »Richter ist eine Aktie an der Wand«. Die Einladung zur Kolportage ist wohlfeil, denn sie ist Teil des Spiels. Sie hilft, die ungeheure innere Anspannung, das Bedürfnis und den Zwang zur

Rechtfertigung einer aus dem Ruder gelaufenen Praxis zu mäßigen. Der Hinweis auf die Mechanismen der Vermarktung bleibt eine Mängelrüge an den Geist des Kapitalismus, der nicht allein die Kunst verhext hat. So bewegt sich etwa auch die Wissenschaft längst in einem Spannungsfeld von einem intellektuellen und kommerziellen Pol. Was allein zählt, ist das Bemühen, den Lauf der Dinge *sine ira et studio* verstehen zu wollen. Und was uns die Struktur des stilisierten »Ereignisses« der *Art Basel* verständlich macht, das sind die »Erzählungen« der Akteure.

Weil Kunst immer noch ein Medium war und ist, Menschen zu verbinden, nahm auch die *Art Basel* (die heute Menschenmassen vernetzt) ihren Anfang bei einem Gespräch in der Kneipe. Drei Basler Kunstfreunde, die Galeristen Trudi Bruckner, Balz Hilt und Ernst Beyeler, steckten 1969 die Köpfe zusammen, um Pläne für die Gründung einer Kunstmesse im beschaulichen Basel zu besprechen. Die Idee lag irgendwie in der Luft. Nicht nur, weil sich in den Sechzigerjahren die Entwicklung zu einer prosperierenden Konsumgesellschaft vollzogen hatte, sondern auch wegen eines internen Wandel des Kunstverständnisses: die Nobilitierung von Konsumgütern zu Kunstobjekten durch die Pop Art. In Köln waren Kunstfreunde diesem Trend schon früher gefolgt. Im Jahre 1967 wurde dort aus dem Geist einer neuen Öffnung von Kunst und Gesellschaft der »Kölner Kunstmarkt« eröffnet. Basel zog also nach und landete gleich mit der ersten Veranstaltung von 1970 einen großen Erfolg. 16.300 Besucher kamen nach Basel, um an den Ständen von 90 Galerien und 30 Verlegern aus zehn Ländern Kunst zu begutachten und fallweise zu kaufen.

Schon ein Jahr später, auf der *Art 2'71*, nahmen 132 Galerien aus 11 Ländern teil. Folker Skulima war als aufmerksamer Galerist vor Ort, aber noch ohne eigenen Stand. Es war jene Messe, auf der Lucio Amelio seinen ganzen Stand für Werke Cy Twomblys reserviert hatte und FS (gemeinsam mit seinem Düsseldorfer Kollegen Hans Mayer) Gouachen des Künstlers erwarb. Die Konzentration auf einen einzigen Künstler war damals ganz und gar ungewöhnlich. Der Neapolitaner Amelio pries seine Idee mit südländischem Charme als geniale Einsicht. Ob genial oder trivial, die erste monografische Ausstellung erwies sich als ebenso beispielhaft wie richtungsweisend. Als der Ausstellerbeirat der *Art 5'74* dazu aufrief, die Messe mit sogenannten One-Man-Shows zu bereichern, löste er mit seiner Initiative eine wahre Flut von Einzelausstellungen aus.

Der besagte Beirat (offiziell *Exhibitors' Advisory Board* genannt) wurde 1974 erstmals aus dem Kreis führender Galeristen ins Leben gerufen. Wer die Liste überfliegt, stößt auf ein gutes Dutzend klangvoller Namen, unter ihnen Leo Castelli, Ernst Beyeler, Denise René, Lucio Amelio, Annely Juda – und Folker Skulima, der ab diesem Jahr und fortlaufend bis 1990 auf der Messe vertreten war. Die wichtigste Funktion des Ausstellerbeirats besteht bis auf den heutigen Tag darin, über die Zulassungsanträge der Galerien und Verlage zu entscheiden. Ein heikles

Unterfangen von Anbeginn, denn gleich bei seiner Einsetzung für die 5. *Art Basel* wies das Gremium sage und schreibe 170 Neubewerber ab. Das ging nicht ohne Konflikte über die Bühne, auch wenn die Begründung häufig schlicht »Platzmangel« hieß; denn natürlich gab es ein Ranking. Nur selten schlug der Streit in einen handfesten Eklat um – wie etwa in späteren Jahren im Fall des Ausschlusses der Galerie Eigen + Art, die immerhin mit Werken von Neo Rauch aufwarten konnte. Aber Redebedarf gab es immer. Der Hinweis auf Wartelisten mit der Möglichkeit, einen »Antrag auf Wiedererwägung« stellen zu können, wies den formalen Weg. In klärenden Gesprächen ging es anders zu, war auf Seiten der beteiligten Beiräte die Fähigkeit zum Coachen gefragt. Und es war Skulima, der sich auf diesem Parkett den Ruf eines glänzenden Mediators erwarb.

Die rapide steigende Zahl der Bewerber machte schon 1972 einen Umzug in die geräumigere, denkmalgeschützte Rundhofhalle des Messegeländes erforderlich. Aber mit etwa 300 zugelassenen Ausstellern (und ca. 30.000 Besuchern) stieß die Messe zusehends an die Grenze ihrer Kapazität. Zudem entschied sich der Ausstellerbeirat dafür, die um etwa dreißig Prozent angewachsene Ausstellungsfläche vor allem für die Vergrößerung der Kojen zu nutzen. Qualität vor Quantität und Zügelung des Massenbetriebs hieß die Parole. Ein vielversprechender Weg, der Komplexität Herr zu werden, war die Absprache zwischen der Stadt und der Messeleitung, Outdoor-Kunst in ausgewiesenen Basler Quartieren zu zeigen. Diese Erschließung und Bereitstellung neuer städtischer Räume gab zugleich einigen jüngeren, von der Messe abgewiesenen Galerien die Gelegenheit, dort ihre Zelte aufzuschlagen.

Intern versuchte die *Art Basel* schon sehr früh, die Förderung junger Künstler und Galerien in ihr Programm aufzunehmen. Auf Anregung mehrerer Galerien wurde 1974 im ersten Obergeschoss der Messehalle unter dem Namen »Neue Tendenzen« ein entsprechendes Förderprogramm vorgestellt, das anfänglich noch mit Preisen gewürdigt wurde. 1979, zum zehnten Geburtstag der *Art Basel*, stellte dann die Messeleitung 16 jungen, noch weitgehend unbekannten Künstlern Kojen von je 25 Quadratmetern zur Verfügung. Ausgewählt wurden die Nachwuchskünstler von einem vierköpfigen Galeristen-Team, dem auch Folker Skulima (dem die Förderung einer jüngeren Künstlergeneration stets eine Herzensangelegenheit war) angehörte. Für Nicola de Maria (*1954) und Francesco Clemente (*1952) – um nur diese beiden zu nennen – war die Teilnahme ein Sprungbett zu einer erfolgreichen Karriere.

Schnitt. Wie erlebte Folker Skulima in der Rolle des eigenständigen Galeristen das Messeleben und -treiben? Was war auf seinem Stand ausgestellt? Wie waren die Atmosphäre und das Besucherinteresse? Wer kam, sah und kaufte? Wählen wir aufs Geratewohl das Jahr 1980. Skulima, ein weiteres Mal Mitglied des (aktuell 19-köpfigen) Ausstellerbeirats, hatte seinen Stand in der Halle 13. Er lag vis-á-vis einem der Eingänge des großzügigen Parterre-Rondells und war selber über zwei Zugänge erreichbar. Laut Galerieinformation lautete das Angebot an Kunst in gut abgestimmten Stichworten: DADA und Surrealismus, Bauhaus und Konstruktivismus, Abstraktion nach 1945, Minimal Art, Concept Art, zeitgenössische Skulptur. Das Künstlertableau, das dieses Angebot einzulösen versprach, umfasste 24 Namen, die in dem schachbrettartigen Übersichtsplan des Ausstellungskatalogs Feld für Feld eingetragen waren.

Marcel Duchamp	*Max Ernst*	*Kurt Schwitters*	*André Masson*
Josef Albers	*Erich Buchholz*	*El Lissitzky*	*Oskar Schlemmer*
Miguel Condé	*Sam Francis*	*Gotthard Graubner*	*Yves Klein*
Jannis Kounellis	*Piero Manzoni*	*Manolo Millares*	*Ad Reinhardt*
Carl Andre	*Marcel Broodthaers*	*Sarkis*	*Lawrence Weiner*
Bruce Nauman	*George Rickey*	*Giuseppe Spagnulo*	*Jean Tinguely*

Für die Bildseite, mit der jede ausstellende Galerie im Katalog der *Art* 11'80 auf sich aufmerksam machen konnte, wählte Skulima ein einziges Exponat aus: die Arbeit *Der Konstrukteur* (1923) von El Lissitzky, also das Programmbild eines der führenden Vertreter des russischen Konstruktivismus, der damit zur Galionsfigur der angebotenen Künstlergruppe avancierte. Bei diesem Bild handelt es sich um das Originalfoto einer Illustration zu einer Science-Fiction-Erzählung von Ilja Ehrenburg (*Vitrion*). Es zeigt einen (vor einer schwarzen Tafel auf einem Hocker stehenden) genialen Ingenieur, der mittels eines an sein Auge angelegten Zirkels einen neuen Blickwinkel eröffnet in Richtung einer gegliederten Bildfläche mit typografischen Elementen und mathematischen Formeln für Unendlichkeit. Lissitzky hat übrigens das zentrale Motiv in seinem berühmten *Selbstbildnis mit Hand und Zirkel* (1924) wieder aufgegriffen, hier mit den Mitteln einer Fotomontage.

Es wäre reizvoll, die durch Lissitzky vorgegebene Linienführung weiter auszuziehen, um Anschlüsse im gemeinsamen Feld der ihn umgebenden Künstler zu notieren. Etwa sein späteres (wiederum in Form einer Fotomontage hergestelltes) Porträt von Kurt Schwitters, der zusammen mit Duchamp die Arte Povera von Kounellis inspiriert hat, in Sichtweite mit den beiden Bauhausmalern Schlemmer und Albers, in engerer Tuchfühlung noch mit Max Ernst und André Masson, den Leitfiguren der französischen Schule für den Abstrakten Expressionismus eines Ad Reinhardt oder Sam Francis, die wiederum im Minimalismus des »monochromen« Yves Klein sowie den »achromes« von Piero Manzoni ihre analytischen Pendants gefunden haben.

Was hier anhand lockerer Verbindungslinien ansatzweise aufleuchtet, ist nichts anderes als der Umriss eines Galerieprogramms, das dem Aussteller Skulima ein unverwechselbares Profil verliehen hat. Genau dies zu erreichen, ist eines der Geheimnisse für die erfolgreiche Teilnahme an einer Kunstmesse – in Basel oder anderswo. Die gleichsam aufgefächerte Visitenkarte des Ausstellers imponiert vor allem Sammlern, deren Hunger auf Kunst zielgerichtet ist. Diese Kunstliebhaber ziehen selten wahllos durch die Reviere der Stände. Sie sind auf der Suche, sie wollen etwas finden, was zu ihrer Sammlung passt: Kunstwerke nicht als isolierte Zufallsfunde, sondern als passgenaue Ergänzungen oder als reizvolle Variation eines geschätzten Themas. Entdecken sie einen Stand ihres Genres mit attraktiven Einzelstücken, finden sie im Gespräch mit dem Galeristen den wahlverwandten Connaisseur, dann ist dies nicht selten der Beginn einer langen Freundschaft. Vielleicht wird anfänglich nur ein Stück erworben, wie probeweise. Aber man wird in Verbindung bleiben, sich schon bald wiedertreffen – auf einer der nächsten Messen oder in der Galerie selbst. Ein schönes Beispiel einer aus solchen Anfängen erwachsenden Verbindung ist die freundschaftliche Beziehung zwischen Folker Skulima und dem Sammlerehepaar Heiner und Ulla Pietzsch.

Ganz anders verhält es sich mit Messebesuchern, die bisher allenfalls über Museumsbesuche oder die Jahresgaben der lokalen Kunstvereine mit Kunst in Berührung gekommen sind und Galerien aus Gründen einer diffusen Schwellenangst eher gemieden haben. Während das Museum ein Ort ist, wo Kunst gezeigt, aber nicht zum Kauf angeboten wird, ein Ort also des ideellen Kunstgenusses, bietet die Galerie Dinge an, die bloß betrachtet, aber auch gekauft werden können. Ein Zwischen-, ja ein Zwitterstadium, das nicht allen behagt. Die Kunstmesse bedeutet für diese Klientel endlich die Freiheit des Konsumenten, die Lockerheit auch des Kommens und Gehens. Das Fremde und Ungewohnte – man hat Teil an einer lange verschlossenen Welt – suggeriert ein völlig neues Erleben und Kaufverhalten. Es sind diese Leute, die in den Messehallen am weitesten unterwegs sind, die am meisten Waren und Preise vergleichen. Es sind die Nachfolger der Schnäppchenjäger auf den früheren nicht-kommerziellen Flohmärkten.

Das durch die Räume der *Art* 11'80 flanierende Sammlerpaar Pietzsch besuchte selbstverständlich auch in diesem Jahr den Stand des mit ihnen befreundeten Skulima. Nach einem kurzen Rundgang blieb Heiner Pietzsch vor dem ausgestellten Werk von Max Ernst stehen und fragte den verblüfften Galeristen ganz unvermittelt, ob er wisse, dass Ernst der Erfinder der Dripping-Methode gewesen sei. Skulima lächelte und schwieg. Er wusste, was alle (Kunst)Welt weiß, dass nämlich die Methode des All-Over-Dripping fest mit dem Namen von Jackson Pollock verbunden ist. Pietzsch rückte näher. Es war so, sagte er mit leiser Stimme, als gelte es ein Geheimnis preiszugeben. Max Ernst hat 1942 in New York auf der Suche nach neuen Techniken wild experimentiert. Unter anderem legte er eine

Stand von FS auf der *Art Chicago*, 1980er-Jahre

Leinwand auf den Tisch und hängte an die Decke eine mit schwarzer Farbe gefüllte Büchse, die ein Loch hatte. Dann schwenkte er die Büchse hin und her, bis sie geleert – und auf der Leinwand ein wirres Ensemble von Klecksen, Spritzern, Schleifen und Kreisen zu sehen war. Peggy Guggenheim, seine damalige Frau, war begeistert. Sie nahm das Bild und zeigte es Pollock, der die Methode aufgegriffen und verändert hat, indem er die Farbe direkt vom Pinsel abtropfen ließ. FS war von der Geschichte beeindruckt, fragte aber noch einmal nach: Und wo befindet sich jenes Original von Max Ernst? Heiner Pietzsch lachte: In meinem Besitz! – Gespräche am Rande des Messetrubels. Manchmal vermögen sie, ein Bild in ein Vexierbild zu verwandeln, aus dem ein Stück Kunstgeschichte herausschaut.

Die *Art Basel* war (und ist) die große Drehscheibe der Kunstwelt. Aber natürlich war Skulima immer wieder Gast auf anderen bedeutsamen und eigenständigen Messen, etwa in Köln und Düsseldorf, Bologna und Paris, Los Angeles und Chicago. Über 50 Messebesuche schlagen für die Zeit der 70er- und 80er-Jahre insgesamt zu Buche. Interessanterweise war es die Kapitale der US-amerikanischen »Mid-Westerner«, war es die ART CHICAGO, die FS in besonderer Weise in ihren Bann zog. Als John Wilson, der Gründungsdirektor, 1980 die Messe an Chicagos Navy Pier eröffnete, hatte er nichts anderes im Sinn, als eine amerikanische Version der *Art Basel* ins Leben zu rufen. Und wirklich zog er nach nur einer

Dekade diese stolze Bilanz: »Art Chicago is called the nation's leading fair for 20th-century art – second only to Art Basel.« Die Vision schien in Erfüllung gegangen zu sein; doch im Laufe der Zeit tauchten bald neue Konkurrenten auf. Im Jahre 2000 trat als großer Gegenspieler die New Yorker *Armory Show* in Erscheinung – als Nachfolgerin der *Gramercy International Art Fair.* Und nur zwei Jahre später überholte mit der *Art Basel* Miami Beach die zweite auf amerikanischem Boden platzierte Kunstmesse die *Art Chicago.*

Skulimas Interesse und Bindung an die *Art Chicago* – er war (zusammen mit seiner Frau Hilke) von 1982 bis 1990 ununterbrochen mit eigenem Stand auf der Messe vertreten und in dieser Zeit zweimal (1985 und 1986) Mitglied des internationalen Zulassungsausschusses (Selection Commitee) – waren von dieser Entwicklung vollkommen unabhängig. Sein Galerieprogramm passte einfach gut zum Kolorit der Chicagoer Kunstszene, deren kunstgeschichtliche Grundierung eine führende Vertreterin, Helyn Goldenberg, einmal so zusammenfasste: »No other city in the country came close to Chicago in its devotion and understanding of Surrealism and Avantgarde.« Helyn, von Haus aus Schauspielerin, war eine schillernde Persönlichkeit, ausgestattet mit der typischen Ungezwungenheit und Freundlichkeit der Mid-Westener. Sie war unter anderem Präsidentin des Museum of Contemporary Art Chicago (MCA), des örtlichen Art Clubs sowie Vorsitzende von Sotheby's Midwest. Folker Skulima lernte sie und ihren Mann Ralph als vermögendes Sammlerehepaar kennen, das ihm ein Bild von Ad Reinhardt abkaufte und ihrer grandiosen Sammlung einfügte – der »Ralph and Helyn Goldenberg Collection«, von der Insider nur mit Hochachtung sprachen.

Helyn Goldenberg war in erster Ehe mit D.C. »Bud« Holland verheiratet, einem Galeristen und Kunsthändler, mit dem Skulima ganz unabhängig von ihr in Kontakt kam. FS besuchte dessen Art Gallery in der West Superior Street und erfuhr so, dass Bud vor allem junge Künstler aus Chicago ausstellte und vertrat, aber auch Künstler aus der New Yorker Schule und aus Europa. Und es war später ebenfalls in New York, wo sich die beiden wieder trafen und einen Kauf/Verkauf-Deal zur beiderseitigen Zufriedenheit einfädelten. Nicht über Helyn Goldenberg persönlich, wohl aber über die von ihr geleitete Society for Contemporary Art at the Art Institut of Chicago lief die Begegnung mit Lewis und Susan Manilow, einem anderen Sammlerpaar der Extraklasse. Lewis Manilow hatte es mit Geschäften in der aufstrebenden Telekommunikationsbranche zu Reichtum gebracht und sich in der Stadt als Gönner und Mäzen kultureller Einrichtungen einen Namen gemacht. In der Kunstszene trug er als treibende Kraft vieler Initiativen den inoffiziellen Titel eines »celebrated arts patron«. Sein Ansehen strahlte bis nach Washington aus, wo ihn Präsident Clinton im Jahre 2000 mit der »National Medal of Art« ehrte. Lewis Manilow scheute sich aber auch nicht, selber Verantwortung in den Institutionen zu übernehmen. So war er unter anderem als Kurator tätig und trug für einige Jahre die Bürde der Präsidentschaft des MCA. Auch diese Bekanntschaft bewährte sich durch mehrmaliges Wiedersehen, unter anderem in Berlin, wo die Manilows Folker und Hilke Skulima in ihrer Galerie aufsuchten – und nicht mit leeren Händen wieder verließen. Sie erwarben ein Bild von Robert Irwin, eine der nur noch selten zirkulierenden frühen monochromen Arbeiten des Künstlers, die ursprünglich in der Ferus Gallery von Los Angeles ausgestellt worden waren.

Eine weitere bedeutsame Gestalt der Chicagoer Kunstwelt, die FS während seiner vielen Aufenthalte in der Stadt kennenlernte, war Richard Gray. Eine graue Eminenz von Einfluss und Ansehen, dessen klangvoller Name von vielen als Eponym für »American Gallery« verstanden wurde. Er liebte großflächige Galerieräume und hatte in seiner mehr als 40-jährigen Galeristentätigkeit alle Großen der zeitgenössischen und der modernen Kunst bei sich zur Gast: in der Stammgalerie an der North Michigan Avenue, in der Chicagoer Dependance von »Gray Warehouse« oder in der 1997 eröffneten New Yorker Filiale in der Madison Avenue, die sein Sohn Paul (zusammen mit Valerie Carberry) leitet. Gray war für mehrere Jahre Präsident der »Art Dealers Association of America« und Trustee des Art Institute of Chicago, das aufgrund seiner wiederholten Schenkungen im Jahre 2008 einen Flügel nach Richard Gray und seiner Frau Mary benannte. 2011 gründete das Ehepaar Gray ihrerseits an der Universität Chicago das »Richard und Mary Gray Center for Arts« – ein Forum für experimentelle Zusammenarbeit von Künstlern und Wissenschaftlern.

Das Zusammentreffen mit bekannten Kollegen und das Kennenlernen namhafter Größen der Szene gehört zu den erfreulichen Erfahrungen jeder Messe jenseits der Rituale. So sah und traf man in Chicago eben auch bekannte Leute wie Leo Castelli, Sidney Janis oder André Emmerich. Ein Wiedersehen dieser Art ergab sich auch über die (wie immer zufällige) Zusammensetzung des Selection Commitee der *Art Chicago* 1985. Mit von der Partie war nämlich Richard Feigen, als Galerist ursprünglich in Chicago zu Hause, den es aber vor Jahren nach New York gezogen hatte, wo er mehrmals mit Folker Skulima zusammentraf. Der Dritte aus dem Bund des Komitees, der zu den beiden stieß, war Donald Young, Galerist und Kunsthändler aus Chicago. Ein interessantes Dreieck fand hier zusammen, das sich viel zu sagen, viel zu fragen hatte. Richard, der alte, mit allen Wassern gewaschene Hase, voller Cleverness, immer bereit, einen Haken zu schlagen. Ihm gegenüber Donald, der Youngster, Galerist erst im dritten Jahr, aber schon im Ruf stehend, die erste rein kommerzielle Galerie Chicagos zu führen. Mittendrin Folker, der nachdenkliche Galerist aus Berlin, mit Herz und Verstand künstlerorientiert und bekennender Ästhet. Wen wundert es, dass sich dieses Trio mit Blick auf die ausgestellten Künstler – seien es etablierte wie Bruce Nauman und Richard Serra oder noch unbekannte wie Charles Ray und Rebecca Warren – bestens verstand.

Was diese Drei (und nicht nur sie), die ihre sehr unterschiedlichen Galerien auf einer Kunstmesse vorstellten, weiterhin teilten, war die Begeisterung für das zentrale Museum der Stadt: The Art Institute of Chicago. FS erklärte es ohne Umschweife zu seinem Lieblingsmuseum. Warum? Es fängt an mit der zentralen Lage an der Michigan Avenue, nahe am See und mit Blick auf den wundervollen Millennium Park. Dort steht der mächtige klassizistische Bau, dessen imposante Treppenaufgänge von zwei in Bronze gegossenen Löwen flankiert werden – die Mäuler weit offen. Gut gebrüllt, möchte man rufen, gut gebaut den Architekten Sheply-Rutan-Coolidge nachrufen, die das Gebäude entworfen und erbaut haben (1887 ff), schon mit Blick auf die Weltausstellung von 1893. Eine Meisterleistung im Inneren ist das so leicht wirkende Treppenhaus aus Marmor und Stein, dessen schwungvolle Auf- und Abgänge die Besucher zu den einzelnen Flügeln führen: zu einer der umfassendsten Sammlung amerikanischer Kunst und impressionistischer Gemälde, Objekten aus Afrika und Fernost, einer riesigen Fotosammlung sowie Meisterwerken der zeitgenössischen Kunst und Moderne. Für die einen unter den vielen Enthusiasten ist es der Ort, wo Edward Hoppers *Nighthawks* hängt; für andere ist das berühmte Selbstbildnis von van Gogh Kult, für die nächsten die Werke von Picasso und Gris, von Beuys und Richter.

Chicagos berühmtes Museum ist aber auch ein Ort von Großereignissen ganz anderen Zuschnitts, etwa des Zaubers großzügiger Stiftungen. Der Superlativ einer der größten Schenkungen weltweit gebührt zweifellos Stefan Edlis, einem Industriellen, Kunstsammler und Mäzen (ursprünglich österreichischer Herkunft), der seine Sammlung (genauer: die »Collection of Stefan Edlis and Gail Neeson«), bestehend aus 49 Werken von Andy Warhol, Roy Lichtenstein, Jasper Johns, Gerhard Richter und anderen Größen der modernen Kunst dem Chicago Art Institute vermacht hat – eine geballte Ladung Kunst im geschätzten Wert von sage und schreibe 500 Millionen $. Folker und Hilke Skulima haben diesen Mann kennengelernt und ihm in seiner exquisiten Wohnung in einem der noblen Hochhäuser am Michigansee einen Besuch abgestattet – eine schwindelerregende Erfahrung der anderen Art.

Die gewaltige Transaktion zwischen Stefan Edlis und dem Chicago Art Institute wurde in der Ägide von Douglas Druick abgewickelt, der von 2011 bis 2016 Direktor und Präsident des Museums war. Der spektakuläre Deal katapultierte ihn damals auf Platz N° 50 des lokalen Rankings »The 100 most powerful Chicagoans«. Skulima lernte Druick Mitte der 80er-Jahre kennen, als dieser seine Karriere im Art Institute als Kurator begann und nacheinander die Departments Drucke und Zeichnungen, Europäische Malerei sowie die Skulpturen-Abteilung durchlief. Ein Insider also der amerikanischen Kunstszene, der sich auch mit kunstgeschichtlichen Studien (etwa über den frühen Jasper Johns) einen Namen gemacht hat, aber auch ein Faible hatte für die europäische, und hier speziell die deutsche Kunstszene. Also kam es zu einem Fachsimpeln zwischen den beiden, dem deutschen Galeristen und dem amerikanischen Kurator. Skulima fiel bei diesen Unterhaltungen auf, dass sich Druick mit geradezu kriminalistischer Neugier für abstruse Vorfälle und Skandale innerhalb der Kunstgeschichte interessierte. So kam er mehrfach auf die ambivalente Freundschaft zwischen van Gogh und Gauguin zu sprechen, die im Rätsel um das abgeschnittene Ohr des holländischen Malers gipfelt. Tatsächlich sollte Druick diesem Thema Jahre später eine eigene Ausstellung widmen (*The Studio of the South*, The Art Institute of Chicago, 2001), mit dem Tatort Arles im Mittelpunkt.

Zu einer Wiederaufnahme dieser beiderseits anregenden Gespräche kam es anlässlich eines Besuchs, den Douglas Druick Berlin im Frühjahr 1990 abstattete, wegen einer geplanten Partnerschaft mit der Nationalgalerie. Es kam zu einer Verabredung mit Folker Skulima zum Abendessen in der Paris Bar. Die beiden unterhielten sich unter anderem über Joseph Beuys und streiften dabei die »Kojote-Sache« aus dem Jahre 1974. Damals verbrachte Beuys in der New Yorker Galerie von René Block mehrere Tage in einem Raum mit einem Kojoten namens »Little John«. Beuys trat in der Performance mit Hirtenstab und Filzumhang auf, wie ein alter Schamane, wurde jedoch vom Kojoten weitgehend ignoriert. Unbeirrt sagte Beuys über ihn: »Der Geist des Kojoten ist so mächtig, dass ihn kein Mensch versteht.« Diesen Satz sprach Druick mit großer Emphase aus, so wie er ihn erinnerte, in einem nur leicht gebrochenen, ansonsten gut verständlichen Deutsch. Das hörte der Gast am Nachbartisch, der niemand anderer als Otto Schily war, der bekannte Anwalt und Politiker, in dem aber auch ein veritabler Kunstliebhaber und Kunstkenner steckte. Er hatte mitgehört, fühlte sich angesprochen und wurde sofort zum Gespräch eingeladen. Ob er wisse, sagte Schily zu Druick, dass Heiner Müller am Deutschen Theater gerade Shakespeares *Hamlet* inszeniere. Der habe sich erst kürzlich bei einem Pressegespräch auf die Performance von Beuys bezogen und sinngemäß gesagt: Eigentlich sei das für ihn eine ideale Metapher für den Umgang des Schauspielers mit dem Text. Der Text von Shakespeare ist der Kojote. Und man weiß nicht, wie er sich verhält. Jeder Schauspieler müsse mit dem Text umgehen wie Beuys mit dem Kojoten. Während Skulima verständnisvoll schmunzelte, schlug Druick die Hände über dem Kopf zusammen und rief: *»You Germans, always on the way for Metaphysics.«*

7

In den Siebzigerjahren streifte noch eine ganz andere nomadische Existenz durch die Räume der Kunstwelt, kein weiser Schamane wie Beuys, sondern ein scheuer Eleve und Initiant, stets mit einem Stab in der Hand, um seinen Wunsch nach Aufnahme in die Gemeinschaft der Avantgardekünstler zu bekräftigen. Sein Name: André Cadere. Geboren in Polen, aufgewachsen in Rumänien, wurde er in Frankreich (genauer: in Paris) heimisch, wo er mittels einer sehr eigenwilligen Arbeit versuchte, sich in der Szene von konzeptueller Kunst und Neo-Minimalismus einen Namen zu machen. Sein Werkstoff waren *barres de bois rond* – runde Holzstäbe unterschiedlicher Länge, zusammengesetzt aus zylindrischen, bunt bemalten Teilstücken. Mit dem Erkennungszeichen dieser Stangen in der Hand bewegte sich Cadere auf seinen sogenannten *Promenades* anfänglich durch die urbanen Quartiere von Paris, bevorzugt auf belebten Plätzen, denn er liebte das Gedränge. So präsentierte er sein Werk etwa auf einer der Treppen des Louvre und lud Passanten zur Betrachtung ein. Die Reaktionen auf diese Art der Performance waren indes wenig ermutigend.

Ab 1972 änderte Cadere deshalb seine Strategie. Zum Ziel seiner Aktionen erkor er jetzt die Zentren der Kunstwelt (Galerien, Museen, Messen), die er in unterschiedlicher Weise mit seinen Stäben »besetzte«: Er wagte den direkten Angriff denen gegenüber, die über die Deutungshoheit im Feld der Kunst verfügten. Hierbei kam es zu regelrecht subversiven Auftritten, etwa dann, wenn er ohne Einladung auf Vernissagen oder Ausstellungen erschien, um seine eigenen Werke auszulegen und unter die vorhandenen Exponate zu mischen. Diese handfeste Weise, auf die eigenen Objekte aufmerksam zu machen, stieß selbstverständlich auf wenig Gegenliebe. Viele betroffene Ausstellungsmacher und Künstler waren geschockt und reagierten entsprechend. So wurde Cadere, als er auf der *documenta 5* versuchte, einen schon vergebenen Stand zu entern, kurzerhand von Harald Szeemann von der Schau ausgeschlossen. Streit gab es auch mit Daniel Buren, dessen Werk ja eine gewisse Nähe und Verwandtschaft mit den Arbeiten von Cadere aufweist. Buren musste anlässlich einer Ausstellung seiner Werke mit ansehen, wie Cadere ungefragt mehrere seiner Stäbe an die ausgestellten Objekte lehnte – worauf er verärgert den Raum verließ. So geschehen in der Galerie 6 in Paris.

Nach und nach ließ André Cadere die Strategie des Displacements hinter sich. Mit seiner bunten Rundholzstange in der Hand – »Totem der Kunst *in situ*, Wanderstab des Pilgers oder Maßstab des Landvermessers« (Bertrand Delanloe) – lernte er, dass es in der Kunst Wanderung und Fortschreiten braucht, aber nicht Überfälle und Übergriffe. Indem er die Spielregeln des Kunstbetriebs störte, hatte er zwar zur Erneuerung der Szene beigetragen, aber als Künstler war er noch nicht wirklich angekommen – es sei denn als *enfant terrible*. Jetzt war er bereit, die Galerie als strategische Basis anzunehmen, als ein Basislager, von dem man aufbrechen, zu dem man aber auch zurückkehren konnte. Er machte die Erfahrung, dass Galerien bereit waren, auch solche Auftritte und Ereignisse zu unterstützen, die vollkommen außerhalb ihrer Mauern stattfanden – etwa auf den Boulevards der Stadt. Das Prozedere dieser schrittweisen Annäherung bestand darin, dass Cadere begann, sich offiziell bei Gruppenausstellungen einzufädeln. So wurde seine Beteiligung jeweils auf den unterschiedlichen Einladungskarten zu den diversen Ausstellungen eigens vermerkt. Er war nicht länger der gefürchtete Überraschungsgast. Man war vielmehr neugierig auf den *special guest*.

Als Folker Skulima im Jahre 1975 André Cadere einlud, einige seiner Werke bei ihm in Berlin auszustellen, war dort der Boden für eine Entgrenzung der Galerieräume und eine Einbeziehung städtischer Räume längst bereitet. FS hatte es mit Daniel Buren (1971) schon so gehalten und es nur drei Jahre später im Rahmen der ADA 2 im größeren Stil wiederholt. Also zeigte Cadere im Rahmen seiner Ausstellung seine bemalten Holzstangen auch in den Lokalen und Straßen Berlins, vom Brandenburger Tor bis Kladow, in der Nationalgalerie, der Akademie der Künste, dem DAAD-Büro, der Hochschule der Künste und in einigen anderen Privatgalerien. Die Werke entsprachen perfekt der Mobilität des Künstlers, waren an keine bestimmte Umwelt gebunden und überall und nirgends platzierbar. In den Räumen der Galerie waren sie von der Wand als Träger klassischer Bildwerke unabhängig. Die einfachste Präsentation bestand darin, die Stäbe auf den Boden zu legen oder an die Wand zu lehnen. Das entsprach ihrer zylindrischen Machart und der sich daraus ergebenden Möglichkeit, sie von allen Seiten betrachten zu können. Und man konnte sie – mit Erlaubnis des Künstlers – in die Hand nehmen und ihre Körperlichkeit ertasten.

Auch wenn die Galerie nicht den Anspruch erheben kann, als ein exklusiver Raum der Präsentation gelten zu dürfen, so verspricht sie dennoch einen privile-

André Caderes Stab (ohne den Künstler) nach der Ausstellungseröffnung im Kreuzberger »Exil«, 1975

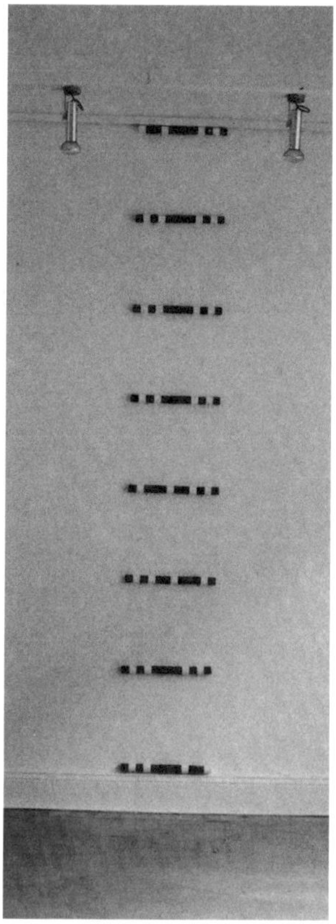

Galerieaufnahmen der Ausstellung von André Cadere, Holzstäbe horizontal und vertikal, 1975

gierten Zugang zu den Besonderheiten, ja Geheimnissen dieser eigensinnigen Kunst. Denn erst in der Atmosphäre einer fokussierten Wahrnehmung, die Einfühlung in das verwendete Material und Achtsamkeit für Details ermöglicht, wird das Verschattete und das Unkenntliche lesbar. Erst aus der Nähe betrachtet erweisen sich die Segmente, aus denen sich die einzelnen Stäbe zusammensetzen, als Produkte von Handarbeit. Holz wurde gesägt, abgeschliffen und mit Lackfarbe bestrichen. Das Bemalen mit Farbe dient aber nicht der Dekoration, sondern der Absicht, die Verschiedenheit der Elemente anzuzeigen. Cadere benutzt in seinem Werk die Farben – acht an der Zahl: Weiß, Schwarz, Gelb, Orange, Rot, Violett, Blau und Grün – als Merkmale der Differenz und zugleich als Zeichen der Wiederholung in einem System der Permutation. Jede Stange enthält mindestens drei und höchstens sieben Farben, die in der Reihenfolge ihres Auftretens mit einem Zifferncode von 1 bis 7 gekennzeichnet werden. Es ergibt sich also dem Permutationssystem folgend eine mathematische Zahlenfolge der alternierenden Farbkombinationen, wobei Cadere zwei Typen der Permutation, A und B, unterscheidet.

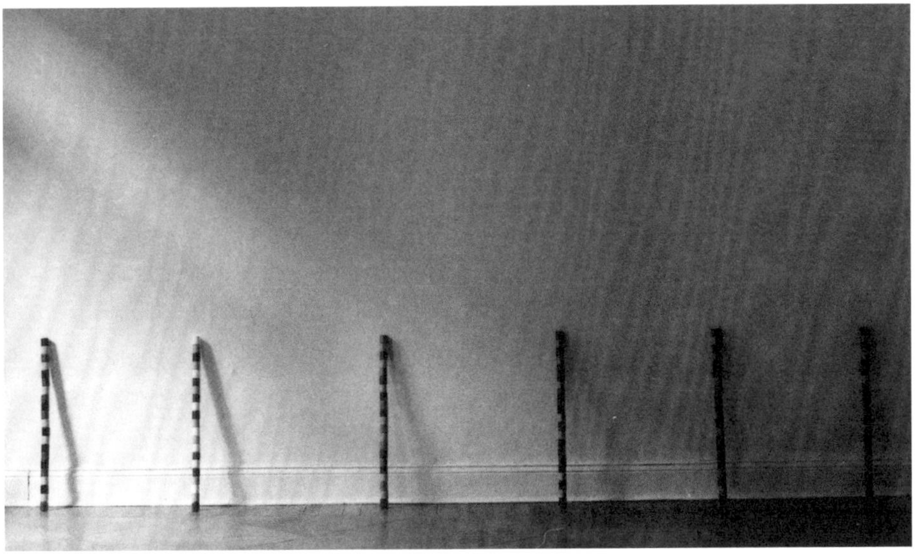

Die erste Permutation enthält fünf Varianten:

1. Drei Farben und 12 Segmente:	1 2 3
	2 3 1
	3 1 2
	1 2 3
2. Vier Farben und 20 Segmente:	1 2 3 4
.	....
3. Fünf Farben und 30 Segmente:	1 2 3 4 5
	....
4. Sechs Farben und 42 Segmente:	1 2 3 4 5 6
	....
5. Sieben Farben und 56 Segmente:	1 2 3 4 5 6 7
	....

Die zweite Permutation enthält zwei Varianten:

1. Drei Farben und 21 Segmente:	1 2 3
	2 1 3
	2 3 1
	3 2 1
	3 1 2
	1 3 2
	1 2 3
2. Vier Farben und 52 Segmente:	1 2 3 4
	....

Wie sich zeigt, ist die Holzstange komplett, sobald die erste Permutation erneut auftaucht. Da Cadere in beiden Permutationssystemen insgesamt nur sieben Varianten verwendet, gibt es nur sieben Typen von Stäben, deren Abmessungen allerdings variieren können. Eine weitere Besonderheit besteht darin, dass jeder Stab einen Fehler enthält, der ihn auszeichnet und der vom Künstler bewusst gesetzt wird. Er wird durch Inversion von zwei Segmenten hervorgerufen und ist nicht wiederholbar, denn ein Fehler, der sich innerhalb derselben Bedingungen wiederholt, würde ein neues System bilden – etwas wie eine neue Ordnung in derselben Klasse

Was bedeutet dies alles? Es bedeutet, dass die Reihe aller möglichen Permutationen unter Einbeziehung oben genannter Parameter mathematisch bestimmbar und Caderes Werk somit wissenschaftlich festgelegt und nicht unendlich ist. Wir stoßen, so scheint es, an die Grenzen einer konzeptuellen Kunst, wo anders als etwa bei Lawrence Weiner nicht das Wort über das Objekt triumphiert, sondern mit pythagoreischer Spitzfindigkeit die inhärente Zahlenlogik der Dinge dominiert. Dazu passt, dass Cadere alle von ihm verfertigten Rundholzstangen (es sind in seiner kurzen Karriere etwa 200 Stück entstanden) mit einem Nummerncode zertifiziert hat. Und auch die Stationen seiner Wanderung durch die Kunstwelt hat er unter dem Stichwort *Histoire d'un travail* (HT) durchnumeriert. Der kleine Aufenthalt in der Galerie Folker Skulima trägt die Nummer HT 17. Der Besuch im Kreuzberger Szenelokal »Exil« (dem Bar-Restaurant von Ossi Wiener und Michael Würthle), den André in Begleitung von Hilke und Folker unternahm, wurde indes nicht protokolliert. Aber die Erinnerung hält fest, dass Cadere auch auf diesem Weg nicht vergaß, ein Rundholz von der Größe eines Marschallstabes mitzunehmen – als Insignie des Künstlers und als *das* Alleinstellungsmerkmal seiner Kunst.

Ende der 70er-Jahre macht ein anderer Wanderer, der zwischen den Welten des Theaters, der Musik und der bildenden Künste unterwegs ist, im Rahmen einer Europa-Tournee Station in der Niebuhrstraße 2: Robert (»Bob«) Wilson. Der amerikanische Ex-Maler und jetzige Multi-Media-Künstler war nach langem Anlauf mit der Uraufführung der Oper *Einstein on the Beach* (Metropolitan Opera New York 1976, Musik: Philip Glass) schlagartig berühmt geworden. Mit Wilson kommt also ein großes Kaliber nach Berlin, der gefeierte Guru des Avantgarde-Theaters. Und der Autor-Regisseur-Bühnenbildner-Schauspieler-Choreograph kommt nicht ohne Gepäck: seine jüngste Theatervorstellung *I was sitting in my patio/ this guy appeared/ I thought/ I was hallucinating* (Ich saß in meinem Innenhof, dieser Bursche erschien, ich glaubte zu halluzinieren). Mit diesem Stück ist Wilson auf Tournee. Nach der europäischen Premiere in Paris will er mit ihm auf dem Westberliner Theatertreffen Ende Mai 1978 ein Gastspiel geben.

Beim sogenannten Patio-Stück handelt es sich um den Verschnitt eines Sprechtextes von disparaten Selbstgesprächsfetzen, Erinnerungen, Fragmenten von Dialogen mit halluzinierten Nachbarn und Anrufern, die von zwei Darstellern – Robert Wilson und Lucinda Childs – textidentisch gesprochen werden. Wichtigstes Requisite der Aufführung ist ein metallenes Sofa, das die beiden Schauspieler auf vielfältige Weise benutzen. Mit diesem »Patio-Sofa« kommt die Galerie in der Niebuhrstraße ins Spiel, Skulimas Galerie. Sie ist eingebunden in ein komplexes Joint-Venture zwischen Aufführung und Ausstellung, der Aufführung des Theaterstücks auf der einen Seite und der parallelen Ausstellung von zentralen Möbelstücken, die auf der Bühne »mitspielten«, auf der anderen Seite. Das gilt für das Sofa aus dem Patio-Stück, jene silbrig-metallene Chaiselongue; aber nicht für sie allein. Bob Wilson, der Allrounder und Tausendsassa, kam auf die Idee, dass es reizvoll sein könnte, aus all seinen bisherigen Theatervorhaben die signifikantesten Möbel (Stühle, Tische, Bänke, Sessel, Sofas) auszuwählen und ausstellen zu lassen.

Wilsons Liste ist eindrucksvoll. In seinem Tanzdrama *The Life and Time of Sigmund Freud* (1969) senkt sich ein hochgehängter Stuhl langsam auf die Bühnenmitte, wo Freud auf ihm Platz nimmt und den Tod seines Enkelkindes beobachtet: der »Freud Chair«. In Wilsons nächstem Stück *Deafman Glance* (1970) sitzt ein schwarzer Junge stundenlang auf einer hölzernen Bank, die schließlich hoch in die Luft gezogen wird: der »Flying Bench«. 1972 inszeniert Wilson ein sieben Tage dauerndes Stück auf einem Berg bei Shiraz, Persien, *KA MOUNTAIN AND GUARDenia TERRACE*. Während der Ouvertüre steht inmitten eines großen Wasserbeckens ein thronartiger Stuhl, auf dem ein Diktator sitzt: der »Ouverture Chair«. In *The Life and Time of Joseph Stalin* (1973) gibt es eine Szene, welche die Todesverfügung für Stalins erste Frau zeigt. Zwei Stalin-Darsteller sitzen in mit Stoff drapierten Sesseln und schauen der Sterbenden zu: die »Stalin Chairs«. In den ersten beiden Akten des Stückes *A Letter for Queen Victoria* (1974) stehen sich zwei stattliche Sessel frontal gegenüber, in denen jeweils ein zeitungslesender Geschäftsmann sitzt: die »Chairs for Queen Victoria«. Im dritten Akt, »The Cafe« genannt, unterhalten sich mehrere, um einen grauen Tisch sitzende Besucher angeregt miteinander, bevor sie einer nach dem anderen von einem unsichtbaren Schützen niedergestreckt werden: »Café Chair and Table«. In der Gerichtsszene der Oper *Einstein on the Beach* (1976) spielt ein schmaler, aber extrem hoher Stuhl, der Sitz des Zeugen, eine große Rolle: der »Einstein Chair«. Den Abschluss dieser Reihe bildet schließlich das jüngste Stück, das »Patio Sofa«. Damit ist die Multiple-Serie komplett, jedenfalls bis zu diesem Zeitpunkt.

Als Einzelstücke, das heißt: dem Arrangement einer Theaterszene enthoben, bilden die aufgelisteten Stühle und Tische sowie die Bank und das Sofa den

Korpus der Galerie-Ausstellung – die FS übrigens in Zusammenarbeit mit der Berliner Festspiele GmbH veranstaltet. Es wäre jedoch ein grobes Missverständnis zu glauben, es würden Originale ausgestellt. Gebrauchte Wilson-Möbel würden den Galerieraum in eine Requisitenkammer verwandeln. Nein, wir haben es nicht mit Überbleibseln der verschiedenen Inszenierungen zu tun, sondern mit Replikaten, hervorgegangen aus solider Handwerksarbeit. Da finden sich Gegenstände aus festem Eichenholz neben Konstruktionen aus Maschendraht und dünngewalzten Blechen. Und natürlich kommt es zu stofflichen Veränderungen, etwa bei den »Stalin-Chairs«, die in der Ausstellung statt mit Stoff mit in Falten gelegtem Blei überzogen sind. Was Skulima deshalb bei der Vernissage eröffnet, ist nichts anderes als eine Skulpturenschau, die Objekte eigenen Rechts zeigt. Aus dem Ambiente der Stücke entfernt und mit neuen Materialien zu neuen Zwecken gefertigt, sind *diese* Stücke zu Kunst transzendiert, zu Kunst-Werken geworden. Dies beantwortet zugleich die bange Frage, ob denn das Publikum mit Objekten, die aus dem engen Zusammenhang mit Wilsons Bühnenwelt entlassen sind, überhaupt etwas anzufangen wisse.

Kunstwerke sind die ausgestellten Objekte freilich auch in einer ganz anderen Hinsicht: Man kann sie betrachten, aber auch kaufen. Und das berührt neben der reinen Produktionsseite das imaginäre Feld des Prestiges, über das der Künstler verfügt und mit dem er die Nachfrage steuert. Bob Wilson lässt das ausgewählte (und im Laufe der Zeit anwachsende) Meublement aus seinen Stücken in den USA anfertigen, in einer Auflage von je 6 Exemplaren. In der Berliner Ausstellung bewegten sich die Preise der insgesamt neun Exponate zwischen 6.000 und 30.000 DM. Die Nachfrage ging allerdings gegen Null, die der Galerist persönlich in eine Eins verwandelte, indem er den »Hängenden Stuhl« (Freud Chair) erwarb. Er ziert noch heute den Empfangsraum der Kunststiftung Skulima. Zur Abwicklung des Verfahrens, der Übernahme der Ausstellungsstücke und ihrer Verfrachtung nach Europa, gehört die enge Kooperation mit der Marian Goodman Gallery in New York, die in den letzten Monaten des Vorjahres eine eigene Ausstellung *Robert Wilson: Furniture. Multiples* durchgeführt hatte. Ein weiterer Beleg der engen und erfolgreichen Vernetzung Skulimas mit der amerikanischen Kunstszene.

Die gutbesuchte Ausstellung zog naturgemäß auch viele Theaterleute an, die sich ihrerseits die Aufführung des Patio-Stücks nicht hatten entgehen lassen. Die beiden miteinander verflochtenen und an ihren unterschiedlichen Orten erfolgreichen Ereignisse vertieften die Freundschaft zwischen Bob und Folker. Gemeinsam tauchten sie ein in das Nachtleben der Berliner Künstlerszene, etwa in Fofi's Estiatorio, dem magnetischen Lokal, geführt von der Frau des griechischen Malers Alexis Akrithakis (der, nebenbei gesagt, noch im selben Jahr bei Skulima ausstellen sollte). Hier ging jahrelang die ganze Künstlergemeinde Berlins

Katalog zur Ausstellung mit Skulpturen von Robert Wilson

ein und aus, bewegt von einem intensiven Rhythmus, der Art, wie sich die Beziehungen frei entfalten konnten unter dem Ansporn einer immer fortwährenden Improvisation, vom Essen zu Gesprächen und von den Verrücktheiten der Ideen und Pläne zu den Ausgelassenheiten der Kunst.

In dieser freizügigen und schöpferischen Atmosphäre war es alles andere als eine Überraschung, dass sich der wegen seiner innovativen Arbeit in Sachen Musik- und Tanztheater international bewunderte Wilson und der Star der Berliner Theaterwelt, Peter Stein, der mit der Übernahme der künstlerischen Leitung die ruhmreichen Jahre der Schaubühne am Halleschen Ufer eingeleitet hatte, über den Weg liefen und die Köpfe zusammensteckten. Man kannte und achtete einander, nun kam man zusammen. Stein duldete andere Genies neben sich – wenn sie nicht zuviel Platz einnahmen. Jetzt ergab sich die günstige Gelegenheit einer Zusammenarbeit. Denn Stein plante, nach den überaus kräftezehrenden Gründungsjahren seiner Ära, eine kleine Auszeit zunehmen, eine platzschaffende Ansage, die für Bob Wilson das Angebot für eine eigene Theateraufführung enthielt. Der zögerte keine Sekunde und freute sich auf seine erste Inszenierung an einer deutschen Bühne.

Das Thema war unbekannt und lag doch irgendwie in der (Berliner) Luft. Wilson suchte, wie gehabt, nach keiner zusammenhängenden Geschichte, die ein

Plot zusammenhielt. Ihn interessierten weniger Entwicklungen oder Abläufe, die auf einen Höhepunkt zu liefen, als vielmehr Elemente und Materialien für ein geistiges Bauwerk. Hier intervenierte sehr erfolgreich sein anhaltendes Interesse für Architektur. Deshalb startete er mit Skizzen und Bühnenbildern und kam erst später zum Text, bei dessen Abfassung er weniger Sicherheit verspürte und den er stets (wie er einmal bekannte) »versuchte in Musik einzuwickeln«. Bei der Niederschrift der Sprechtexte für *Einstein on the Beach* hatte er die Mithilfe eines autistischen Jungen von gerade einmal vierzehn Jahren in Anspruch genommen, eines konstruktivistisch-kreativen, aber völlig beziehungslosen Genies. Jetzt hatte er für die Findungsphase zu seinem neuen Stück einen einfühlsamen Mann an seiner Seite, den Kompagnon des auf doppelter Bühne sowohl aufgeführten als auch ausgestellten Patio-Stücks – das mit einem Echoeffekt aufwartete: »I am sitting in Berlin / this guy appears / I think / I should listen.«

Folker erzählte von Berlin, der geteilten Stadt, den Dramen von Krieg und Nachkrieg, und erwähnte wie beiläufig das nichtvergehende Gespenst dieser Epoche, den letzten Kriegsgefangenen der Alliierten, Rudolf Hess. Wenige Tage später tauchte eine Fotografie dieses aus der Zeit gefallenen Nazis auf, die hagere Gestalt eines alten Mannes bei seinem täglichen Rundgang durch den Innenhof der Haftanstalt, dem gespenstischen *Patio* des Spandauer Militärgefängnisses. Wilson war wie elektrisiert. Er hielt den Grundstein für den Bau seines neuen, seines berlinischen Stücks in Händen, das im Frühjahr 1979 unter dem Titel *Death, Destruction and Detroit* an der Schaubühne aufgeführt werden sollte. Bob konnte bei der Realisierung von DD&D (so das gängige Kürzel bei den beteiligten Künstlern) mit einem der besten Theaterensembles zusammenarbeiten. Herausragend Otto Sander in der Rolle der heimlichen, aber von fast niemanden bemerkten Hauptfigur. Er war der witzig-beklemmende Star des Wilson-Abends. Und das musische Einwickelpapier? Bob beriet sich auch hier wieder mit Folker und folgte seinem Rat, auf das *Köln Concert* von Keith Jarrett zurückzugreifen. Eine gute Entscheidung. Das Ergebnis war die musikalisch eingerahmte Quadratur eines Alptraumes, wie sie nur Bob Wilson gelingen konnte – *with the little help of his friends.*

8

Der Dekadensprung von den 70er- in die 80er-Jahre ist in der Kunstwelt als eine Wende erfahren worden. Als Ausbruch aus der puritanisch-asketischen Kunstpraxis von Minimalismus und Conceptual Art und der dort vollzogenen radikalen Intellektualisierung der Kunstproduktion, bar aller Sinnlichkeit und Subjektivität. Christos Joachimides, der Berliner Kritiker und Kurator griechischer Herkunft, hat diesen Eindruck in einer präzisen Momentaufnahme festgehalten: »Wenn man in die Ateliers geht, sieht man wieder überall die Farbtöpfe stehen. Die Malsäle der Kunstschulen sind neuerdings dicht bevölkert. Es wird – in Europa wie in Amerika – viel und lustvoll gemalt. Man spürt, wo man auch hinsieht, die Malerei geht die Künstler wieder direkt etwas an, sie betrifft sie. Ein neues Bewusstsein, dass Malerei wieder wichtig und bedeutsam wird, ist dort, wo Kunst gemacht wird, greifbar.«

Dieses breit geteilte Bewusstsein hat sich in zwei großen Ausstellungen (London 1981 und Berlin 1982) niedergeschlagen, die eine sehr große Schnittmenge aufweisen. Beide Events sind von den gleichen Kuratoren organisiert worden, Christos Joachimides und Norman Rosenthal (in London unter Mitarbeit von Nicholas Serota). Auch bei der Auswahl der Künstler und ihrer Werke gibt es eine breite Übereinstimmung. Etwa die Hälfte der nach Berlin eingeladenen Künstler war auch schon ein Jahr zuvor in London dabei. Die beiden Ausstellungen ähneln sich also wie zwei Seiten ein und derselben Medaille. Umso erstaunlicher der Umstand, dass jenes geteilte Bewusstsein in den beiden Ausstellungsstätten sehr unterschiedlich auf den Begriff gebracht worden ist. London annoncierte die Schau in der Royal Academy of Arts unter dem Titel *A New Spirit in Painting*, in Berlin firmierte sie unter dem singulären Schlagwort *Zeitgeist*. Während die Headline »Ein neuer Geist in der Malerei« als sachliche Beschreibung für das Hinzutreten eines Neuen an die Seite des Alten verstanden werden kann, ist »Zeitgeist«

(auf eine sehr deutsche Weise) philosophisch, ja metaphysisch konnotiert. Es ist, als knallte der Korken, als spränge der Geist aus der Flasche mit dem Anspruch auf allumfassende Gegenwärtigkeit und gebieterische Totalität. Nichts näher liegend als an den absoluten Geist von Hegel zu denken, der seinen Auftritt wahlweise als leibhaftiger Weltgeist (»Napoleon zu Pferde«) feiert oder der unsichtbaren Hand des Zeitgeistes verdankt. Der iranische, aus Shiraz stammende Künstler Nader Ahriman, der als Kind die lange Performance von Bob Wilson (*KA MOUNTAIN AND GUARDenia TERRACE*) miterleben durfte, hat in seiner »Hegelmaschine« – als Teil der Serie *Meta-Cubism* (2014) – genau diese Philosophie zu malen versucht.

Joachimides scheint das irritierende Moment gespürt zu haben. In seinem Vorwort zum Ausstellungskatalog verfällt er plötzlich in eine fragende Haltung: »ZEITGEIST – in *Berlin*. Berlin als Argos? ZEITGEIST als Agamemnon, aber in welcher Rolle? Als Sieger von Troja? Oder gemeuchelt bei seiner Heimkehr? Oder ZEITGEIST als eine Art Göttin ex machina, willkürlich dem Kopf der Ausstellungsmacher entsprungen? Ist Berlin zufällig der Ort dieser Veranstaltung oder gibt es innere Affinitäten zu der Kunst, die ZEITGEIST zeigt? Auch das – ZEITGEIST: Der Ort, *dieser* Ort, *diese* Künstler, in *diesem* Augenblick.« Es scheint –so jedenfalls könnte Joachimides verstanden werden – dass wir den Geist der Zeit am besten auf die Spur kommen, wenn wir uns den Ort ansehen, wo er ausgestellt wird resp. in Kunstwerken erscheint. Das Hier im Jetzt: den Martin-Gropius-Bau in Westberlin.

Das gründerzeitliche Gebäude ist ein starkes Stück Architektur zwischen Historismus und Moderne, das einst als preußisches Kunstgewerbemuseum errichtet wurde. Es enthält zahlreiche große, helle Räume rings um ein zweigeschossiges, arkadengesäumtes Atrium. James Lee Byars, der als Rauminstallation ein Zelt aus roter Seide schuf, entfuhr ein »magnificent«, als er den für ihn bestimmten Raum betrat. Mario Merz, der unter anderem einen Bambusturm ausstellte, rief begeistert aus: »Che bello palazzo!« Acht junge Künstler (Clemente, Cucchi, Fetting, McLean, Middendorf, Salle, Paladino und Salomé) waren aufgefordert, für die »Ausschmückung« der Galerie des Lichthofes großformatige Leinwände von 3 x 4 Metern auszubreiten und vor Ort, inspiriert durch den *Genius Loci*, zu bemalen.

Zum ambivalenten Ortsgeist gehörte aber auch das Erschrecken, wie es Jonathan Borofsky empfand, als er aus dem Fenster eines Ecksaales blickte und den alten Haupteingang des Gebäudes entdeckte, jetzt zur falschen Seite hin gelegen. Denn nur wenige Schritte entfernt sah er die Berliner Mauer und auf der gegenüberliegenden Seite das Gelände des ehemaligen Gestapo-Hauptquartiers. Jannis Kounellis, dem ähnliches widerfuhr, vermauerte, wie um den Schrecken zu bannen, ein Fenster zum Gestapo-Gelände hin mit Bruchsteinen und Antiken-Abgüssen. Und auch Andy Warhol lieferte einen kühlen Kommentar zur Nazi-Vergangenheit ab, indem er in seiner Arbeit (*The Zeitgeist-Paintings*) das Motiv der Lichtdome von Albert Speer zitiert. Es spukte also im Haus. Die Kunst als Medium für neue Träume musste sich (auch) mit den Geistern der bösen Zeit herumschlagen – und Albträume verarbeiten. Dass auch bei René Daniels, Volker Tannert, Peter Bömmels oder Francesco Clemente Gespenster und Kobolde über die Leinwand huschen, steht auf einem anderen Blatt.

Was (einigen) ausländischen Künstlern vor Ort widerfuhr, war vielen deutschen Malern schon lange eine Verpflichtung, der sie gerade auf dieser Ausstellung gerne nachkamen. Rainer Fetting war mit klaren politischen Sinnbildern vertreten. So erscheinen im Werk *Harrisburger* in den Kühltürmen des maroden AKWs nebelartig ein Hakenkreuz und eine Hitler-Visage. A.R. Penck, der DDR-Übersiedler, schuf für das Treppenhaus zwei riesige, rekordverdächtige Formate von 5 x 10 Metern. Unter den Titeln *Dis* und *Chi Tong* sieht man zwei Ost-West-Pendants, im schreienden Rot das eine, im tristen Schwarz das andere, die zusammen das Dilemma des geteilten Deutschland dramatisch kontrastieren. Joseph Beuys, der Kapitalismuskritiker, der wieder einmal im Zentrum, nämlich im großartigen Lichthof des Museums, stand, verwandelte diesen Platz in eine Lehm-Werkstatt, um unter dem Motto »Überleben durch Kunst« einen demonstrativen Schöpfungsakt zu vollziehen: die Formung mehrerer *Hirschdenkmäler*, die als sogenannte Sozialplastiken den Versuch andeuten sollen, »die Weltlage in die richtige Form zu bringen«.

Mit »Zeitgeist« traf das Motto der Veranstaltung noch ein ganz anderes Moment: das der Beschleunigung, des forcierten Tempos, der hektischen Betriebsamkeit. Die knappe Vorbereitungszeit zählt ebenso dazu wie die Vergabe von Auftragsarbeiten für etliche der eingeladenen Künstler. Viele Bilder kamen unfertig an und mussten in Eile vor Ort fertiggestellt werden. Andere wurden ausschließlich an Ort und Stelle gemalt, teilweise unter erheblichem Zeitdruck. Sie alle glänzten bei der Eröffnung mit viel feuchter Farbe. Und es gab zu viele von ihnen, von den flink und rotzig-frech gemalten Bildern, deren Banalität und Stümperhaftigkeit einen Graben aufriss gegen die Erhabenheit der Architektur im Geiste Schinkels. Die Kritik sparte nicht mit Häme und sprach von »Zeitgeist-Spontis« und »genialen Dilettanten«.

Die große Drehscheibe der internationalen Kunstwelt trug ein Übriges zu dieser allgemeinen Verunsicherung bei. Tatsächlich kamen 28 von den insgesamt 45 Zeitgeist-Künstlern direkt von der *documenta 7* aus Kassel angereist. Dieser Wanderzirkus forderte seinen Preis. Warhol kam nach seiner spektakulären Urinabgabe im Rahmen der *Documenta* eigentlich nur rasch auf einen Sprung nach Berlin, um dort ein paar Architekturmotive vom Klassizismus bis zur Hitler-Zeit als Siebdrucke vergrößert herstellen zu lassen – ohne freilich zu vergessen, die Auftragstitel von 1 bis 13 durchzunummerieren und sie so seinem Werkverzeichnis einzufügen. Auch Kounellis war, wie er selber bekannte, ungewöhnlich schnell mit der Fabrikation eines seiner Objekte bei der Hand: »Für ZEITGEIST habe ich meine Arbeit mit Holzstücken in einem Fenster (es wurde mit Latten verbarrikadiert) in nur drei Tagen fertig gemacht.« Ein Schelm, wer Böses dabei denkt.

Aber es gab sie, die anderen Momente, in denen nicht die unerbittliche Raum-Zeit den Takt vorgab, sondern die dritte Dimension: das Soziale – die über die Kunst geschaffene Verbindung und Nähe so vieler Menschen, die Neugier auf das Neue, diese Fröhlichkeit und Freundlichkeit in den Gesichtern, *the feeling of togetherness*. Momente, in denen die rituelle Übertretung der rationalen Ordnung und ihrer Verbote erlaubt – und im Licht eines Festes geboten war. Der Eröffnungsabend der Ausstellung glich einem solchen Augenblick und erinnerte daran, dass Kunst ursprünglich Bestandteil dieser Feste war. Rund 5.000 sich eingeladen fühlende Besucher strömten an diesem Abend zusammen, darunter wild kolorierte und bunt kostümierte Hundertschaften aus der Berliner Punk-Szene, die den Zeitgeist auf ihre Art verkörperten. Ein großartiger Auflauf, der gut zum Auftritt der Ausstellungsmacher und ihrer vielen Nothelfer passte; auch sie alle keine Kinder von Traurigkeit, teilweise eher von einer typisch berlinerischen großschnauzigen Heiterkeit und Gelassenheit.

Und dann die ausgefallene Eröffnungsfeier, die sich ein Völkchen von Insidern der Kunstszene, die sich selbst zu organisieren verstand, ausgedacht hatte. Darunter Folker Skulima im Bund mit dem passionierten Sammler Hans-Hermann (»Männe«) Stober, der sich, nebenbei gesagt, als prominentes Mitglied des Kuratorium der *Zeitgeist*-Ausstellung leidenschaftlich für die Jungen Wilden ins Zeug legte. Die beiden kamen mit anderen Freunden und Kollegen auf die Idee, das Eröffnungsfest im alt-ehrwürdigen, am Landwehrkanal gelegenen Lapidarium von Berlin-Kreuzberg auf die Beine zu stellen. Die maritim affinen Engländer hatten ein Jahr zuvor anlässlich der *New Spirit*-Ausstellung zum Empfang in ein begehbares Aquarium eingeladen, wo man an der Whisky-Bar Haifische und andere Meeresbewohner beobachten konnte. Nun also ein Lapidarium mit Bierausschank. Die stumme Sammlung diverser alter Steinwerke, darunter die Standbilder der ehemaligen Berliner Siegesallee mit dem Großen Kurfürsten an der Spitze: Was für ein Ambiente, was für eine Inspiration über die Nacht hinaus. *Saxa loquuntur.* Die Steine werden sprechen.

Wie viele seiner Berliner Kollegen zeigte auch FS rund um den *Zeitgeist* einen der dort vertretenen Künstler in einer gesonderten Einzelausstellung. Das war K.H. Hödicke, den er schon in der von ihm kuratierten Ausstellung *8 from Berlin* (Edinburgh 1975) dabei hatte. Hödicke gehört zusammen mit Baselitz und Lüpertz der mittleren Generation der Berliner Künstler an, die in der jungen (Schüler)Generation eines Middendorf, Fetting, Zimmer oder Salomé, den sogenannten Malern vom Moritzplatz, ihre Nachfolger und Erben gefunden hat. Sie waren die eigentlichen Wilden und Aufgeregten, deren visuelle Setzungen einerseits den »Hunger nach Bildern« befriedigten, andererseits etlichen als schwer verdauliche Kost aufstießen. Beide Generationen traten auf der Zeitgeist-Ausstellung zusammen auf und bildeten dort so etwas wie das Rückgrat der Neuen Deutschen Malerei. Wenn die Steine des Lapidariums anfangen werden zu reden, wird sich zeigen, dass Skulima nicht zuletzt über die dort geführten, intensiven Gespräche mit Männe Stober zu der Entscheidung kam, die Jungen Wilden im Laufe der nachfolgenden Jahre nach und nach in sein Programm aufzunehmen. Das war keine Abkehr vom Geist der Avantgarde, wohl aber eine stille Verneigung vor der intensiven poetischen Kraft der neuen Wilde-Bilder-Kunst. Weil sie an den Nerv der Zeit rührte und dadurch auf einen offenen Erwartungshorizont stieß, musste man sie ernst nehmen.

Die Unbekümmertheit der jungen Künstler hatte etwas Ansteckendes. Der Rückgriff auf die denunzierten Waffen der bildenden Kunst, die alten Malinstrumente und Malmittel – den viele Kritiker anfangs als einen Rückfall hinter die ehernen Positionen der Avantgarde empfunden hatten – entpuppte sich als Narretei am Abgrund. Die Wachsamkeit des Gelächters nahm den düsteren Bildern viel von ihrem Schrecken: Dreh dich nicht um, der Zeitgeist geht um! Etwas von dieser Gelöstheit und Begeisterung sprang über auf die Besucher, zumal auf amerikanische Kollegen. Etwa auf Darryl Isley, den Kurator am Norton Simon Museum of Art in Pasadena, der *Zeitgeist* für eine ganz großartige Sache hielt – und damit keineswegs alleine stand. Die Freizügigkeit des Dargestellten nicht weniger als die Freisinnigkeit der verantwortlichen Personen begeisterte ihn dermaßen, dass er mit seiner Kamera Foto auf Foto schoss, von Bildern und Objekten, von Personen und Ereignissen. Am Ende kamen über 500 Aufnahmen zusammen; eine einzigartige Sammlung und Stoff für eine eigene Ausstellung, wie er Folker gegenüber lächelnd versicherte. Bei einem Abendessen in Fofis Lokal, zu dem FS – selber ein bekennender MoMAnizer – mehrere amerikanische Freunde aus dem Umkreis des New Yorker MoMA eingeladen hatte, das gleiche Bild. Diesen gestandenen Kunstsachverständigen und Kunstkritikern hatte *Zeitgeist* den Atem verschlagen – allerdings nicht die Sprache, auch wenn sie am Schluss einsilbig daher kam: *Amazing*.

Mit anderen Worten, der Stimme des glücklichen Ausstellungsmachers Christos Joachimides, hatte Amerika den »Zeitgeist wie Sirup geschluckt«. Diese enorme internationale Anerkennung war, aufbauend auf den großen Publikumserfolg vor Ort, eine entscheidende und wegweisende Bestätigung für den Geldgeber, den Berliner Senat, der erhebliche Mittel für die Schau im Gropius-Bau bereitgestellt hatte. Im Nachgang der Ausstellung formierte sich eine Initiative von kunstinteressierten Bürgern und Fachleuten, die sich für eine institutionell verankerte Stärkung des Kunststandorts Berlin im Hinblick auf den internationalen Ausstellungsbetrieb aussprach. In Verfolgung dieses Ziels wurde 1985 die »Zeitgeist-Gesellschaft zur Förderung der Künste in Berlin e.V.« ins Leben gerufen. Der Vorsitzende, ein großer Baselitz-Sammler, und der stellvertretende Vorsitzende, ein Lüpertz-Sammler, waren Leute mit besten Verbindungen in die Politik. Der eigentliche Macher des Vereins, der Generalsekretär des Komitees, war niemand anderer als »Mister Zeitgeist« persönlich: Joachimides. Dieses gut eingespielte Netzwerk verstand es fast zwanzig Jahre lang, große Mittel für Ausstellungen (vornehmlich im Martin-Gropius-Bau) zu akquirieren. So für *Metropolis* (1991), *Amerikanische Kunst im 20. Jahrhundert* (1993) und *Das 20. Jahrhundert – die Epoche der Moderne* (1997). Das Künstlerische, das stets eng mit dem Privaten verbunden ist, fand im Politischen einen neuen Mitspieler auf Zeit – so als sei's ein Stück aus der *Standbein-Spielbein*-Serie, die Markus Lüpertz auf der *Zeitgeist*-Ausstellung präsentiert hatte.

Das Weiterleben in den Galerien war ein anderes. Im Herbst 1983 holte Folker Skulima (nach K.H. Hödicke) mit Georg Baselitz einen weiteren Vertreter aus der Gruppe der deutschen Zeitgeist-Künstler in seine Galerie. Baselitz galt inzwischen (aufgrund seines Alters, seines Auftretens und seiner breiten Anerkennung) als der natürliche *front man* der Figurativen – der nicht von ungefähr das Titelbild des Magazins *The New Yorker* anlässlich einer Reportage über die Neue Deutsche Malerei zierte. In Berlin war Baselitz kein Unbekannter, jedenfalls für einige Schreiberlinge der Lokalpresse. Die erinnerten sich anlässlich der Ausstellungseröffnung dunkel an einen zwanzig Jahre zurück liegenden Vorfall, der damals für einiges Aufsehen sorgte. Der erst 25-jährige Baselitz hatte mit der Präsentation eines sexuell anzüglichen Bildes (*Die große Nacht im Eimer*, Galerie Werner & Katz) in der Berliner Öffentlichkeit Anstoß erregt und plötzlich ein Verfahren wegen Erregung öffentlichen Ärgernisses am Halse. Im Verlauf des Prozesses (der letztendlich im Sande verlief) orakelte der Staatsanwalt, nicht »die große Nacht« sei im Eimer, wohl aber »die Kunst und Karriere des Herrn Baselitz«. Die Zeitläufte haben diese Prophetie glänzend widerlegt. Baselitz kam als international anerkannter Künstler zurück in die Stadt und war, wie zum Beweis seines Erfolges, in eben diesem Jahr zum Professor an der Berliner Hochschule der Künste berufen worden.

Nicht Kunst und Karriere waren also im Eimer, wohl aber hatte der Künstler eine Kehre vollzogen. Bei Baselitz stand inzwischen alles (auf dem) Kopf. Zu bewundern gab es die grundstürzende *»Upside-Down World of Art«*, wie der *New Yorker* die schrecklich-schöne neue Welt des Georg Baselitz betitelte. Das waren Bilder, die bei der Betrachtung sehr wohl Fluss und Strich der Malerei preisgaben, aber die dargestellten Motive einer schnellen Wahrnehmung entzogen. Ausstellungsbesucher verrenkten immer wieder ihre Köpfe, um mit den Dingen nach dem

Titelbild des *New York Times Magazine* zur *Zeitgeist*-Ausstellung; abgebildet ist Francesco Clemente.

Maß der Alltagserfahrung ins Lot zu kommen. Aber es half wenig. Mit der Drehung um 180 Grad war eine der fundamentalen Orientierungen der Alltagswelt, die Ordnung von »Unten und Oben«, von »Erde und Himmel«, außer Kraft gesetzt. Tatsächlich erzwang Baselitz mit dem Abschied von der alten Sehgewohnheit einen neuen Lernprozess des Sehens. Etwas wie eine Schärfung der Sinne und die Erzeugung innerer Bilder. Dann wäre jenes Kopfverdrehen, welches das Gekippte wieder aufrichten und verständlich machen soll, gerade das Verkehrte. Nichts als eine erlernte Hilflosigkeit. Von den antiken Sehern heißt es, sie seien blind gewesen.

Bei Skulima gab es von Baselitz acht Bilder und vier Aquarelle zu sehen. Vier von den großflächigen (250 x 250 cm) Gemälden waren Variationen des Themas »Männerprofil am offenen Fenster« mit Blick auf Tier oder Pflanze, von denen einige schon auf der *Zeitgeist*-Ausstellung präsentiert worden waren. Der Maler spielt in dieser Serie kompositorisch mit der Lage und Größe des Fensterausschnitts, dem wie immer bedrohlichen Durchbruch zur Welt draußen, sowie mit dem affektiven Zustand des Mannes, ablesbar in der unterschiedlichen Reaktionsweise (stoische Ruhe, ängstliche Abwendung) auf die jeweilige Naturerscheinung (einen Baum, einen Hund, einen Adler). Starke Farbwechsel (Schwarz/Weiß, Schwarz/Gelb sowie Schwarz/Gelb/Blau) und unterschiedliche Titelung (*Nacht mit Hund*, *Adler im Fenster*, *Weg vom Fenster*) erzielen zusätzliche Effekte. Bei zwei weiteren Bildern handelte es sich um übermalte Linolschnitte, wiederum in großem Format mit anamorphotischen Figuren, die Einradfahrer darstellen sollen. Aber nicht für den Betrachter, der die ungewohnte Wirkung dieser Kunstwerke auf Verfremdungseffekte zurückführen möchte. Nichts dergleichen, hat der Künstler mehrfach beteuert: »Anspielungen und Zitate sind der Kunst selbst gewidmet. Nichts richtet sich an den Zuschauer.« Baselitz erinnert mit diesen Worten daran, dass Bilder ein künstlerisches Eigenleben haben und führen, dass sie legitime wie illegitime Kinder der Kunstwelt sind, niemals bloße Abbildungen der Welt.

Markus Lüpertz war anders – und kam erst sehr viel später nach Berlin zurück. In der ersten Hälfte der 80er-Jahre hielt er sich für längere Zeit in den USA auf. 1981 hatte er dort seine erste Einzelausstellung in der Marian Goodman Gallery, New York, der bis 1984 drei weitere folgen sollten. Aus der Zeit seines ersten Aufenthaltes stammen die *Sechs Bilder über New York* (Öl und Pappe auf Leinwand), die er auf der *Zeitgeist*-Ausstellung präsentierte: *I Central Park, II Lohengrin, III Interieur, IV Club, V Broadway, VI Brooklyn.* Von seinem letzten Besuch in den Staaten brachte er die Serie *New York Tagebuch* (New York Diary) mit, die er zusammen mit anderen Werken – über die Sommermonate des Jahres 1986 verteilt – in einer konzertierten Ausstellungsstafette an vier Berliner Kunststätten zeigte: dem Neuen Berliner Kunstverein, der Galerie Onnasch, der Galerie Springer und *last but not least* der Galerie Skulima.

Dieser geballten öffentlichen Wahrnehmung zum Trotz, war Berlin – anders als Karlsruhe und Düsseldorf – kein kommodes Pflaster für Lüpertz. Im Blick zurück auf die frühen Großgörschener-Jahre sagte er einmal: »Das dunkle Berlin bestimmte mein Leben, die kalten Nächte und die ungeheizten Ateliers, die Ruhmlosigkeit. Karlsruhe lockte mich, knipste das Licht an, wärmte mich mit südlichem Charme. Die Akademie stand all diesen Dingen vor. Ich aber residierte im Schloss Scheibenhardt.« Mit dieser kleinen Erinnerung umreißt Lüpertz den Spannungsbogen seiner janusköpfigen Identität. Als bildender Künstler steht er in der Kunstakademie, ausgestattet mit dem dort erworbenen symbolischen Kapital residiert er wie ein Fürst im Schloss. Das gibt einen Vorgeschmack auf den bleibenden Eindruck, den das Phänomen Lüpertz immer wieder hinterlässt – auch in Berlin: die extreme Bezogenheit von Person und Sache, den Kult um die Kunst und den um die Person des Künstlers – so als müssten nicht nur die Kunstwerke ausgestellt werden, sondern ebenso deren Schöpfer.

Lüpertz hat die öffentliche Inszenierung seiner Person zum festen Bestandteil seiner Performance erhoben, wahlweise als Macho, als Dandy oder Genie.

Dabei führt er in einer Mischung aus poltrigem Charme und durchtrainierter Eitelkeit beständig den Ausruf: »Ich bin der Größte« im Mund wie andere Leute Kaugummi. Eine Formel, die auch alltagstauglich ist, etwa in der Paris Bar, wo er jeden ungefragt wissen lässt, er sei der erste Künstler gewesen, der hier anschreiben lassen durfte. Lüpertz' Bilder und Skulpturen sind in diesem Spiel des Künstlers neue Kleider, die ihm Glanz verleihen, ihn umstehen wie Höflinge und ihn so erst zum »Malerfürsten« machen. Er kostümiert sie wohlweislich nach Art vergangener Zeiten, der Welt der Antike, die er mit mythologischen und religiösen Themen »dithyrambisch« zitiert (*Ganymed*, *Mykenisches Lächeln*). Das Licht der Jetztzeit soll, so viel steht fest, allein auf das Haupt des Künstlers fallen, als Strahlenkranz, der auch den Dichter und Musiker in ihm ausweist.

Im Fächer der Zeiten offenbart allein die Zukunft das geheime Ziel all dieser Anstrengung und Motivation. Das Licht am Ende eines Tunnels voller Hintergründigkeiten. Es ist der Olymp des »Malerhimmels«, ein elysisches Walhalla, das Lüpertz mit der Pathosformel »Sammlung der toten Kollegen« auszeichnet. Entpuppt sich das Träumen nach oben, der Griff nach der Himmelsleiter, letztlich als Großmannssucht eines typisch deutschen Kleinbürgers? Wie auch immer. Was von dieser Kunst bleibt, als Trost vielleicht, das sind die meist farbig gefassten Bronzeskulpturen, die Götter und Heroen der Antike, aber auch Figuren des alten Tierkreises darstellen. Drollige Gestalten wie »Prometheus«, »Atlas« oder »Eule der Athene«, die länger anzuschauen der wohltuenden Wirkung eines mittelalterlichen Aderlasses gleicht kommt: sie schaffen Erleichterung. Das ähnelt überraschend der Antwort, die Christopher Knowless – jener unwissend-wissende Junge, der für Robert Wilsons Bühnenaufzüge Texte zusammenstellte – auf die Frage gab, was ihm die Bilder des Meisters bedeuten: »sie lindern«. Wer das sagt (oder auch nur denkt), der nimmt um sich »einen ausgesparten Raum wie von Gefahren« (Rilke) wahr, die nur mit den Mitteln der Kunst gebannt werden können: durch den Tanz des Schamanen, die Bilder der Höhlenmaler oder den Ton des Schofars.

Die echten »Neuen Wilden«, die sogenannten Moritz-Boys Helmut Middendorf, Rainer Fetting, Salomé und Bernd Zimmer (die damals schon fast rituell zusammen genannt und zitiert wurden), kamen dem sehr nahe. Als eingeborene Großstadtmenschen gaben sie auf die Drohkulisse der Metropolen, deren Gefahren sie so ausgesetzt wie hingegeben waren, ihren ganz besonderen Takt – mit dynamischer Expressivität und dem Rhythmus tänzerisch bewegter Bilder. Und gerade wegen ihrer Authentizität lehnten diese das modische Label »Neue Wilde«, das schnell in der Kunstszene zirkulierte, rundweg ab. Die Namensgebung ging auf die Aachener Ausstellung *Les Nouveaux Fauves* (1980) zurück, die dort in der Neuen Galerie Sammlung Ludwig gezeigt wurde. Noch im selben Jahr fand im Haus am Waldsee unter der Leitung von Thomas Kempas eine andere (Gegen)Veranstaltung zum selben Sujet statt, aber unter anderem Namen: *Heftige Malerei*. Unter dieser Parole stellten Middendorf-Fetting-Salomé-Zimmer ihre Werke zum ersten Mal gemeinsam außerhalb der (von ihnen gegründeten und geleiteten) Galerie am Moritzplatz aus – mit dem klaren Dementi, dass sie nicht als Erben der französischen Fauves verstanden beziehungsweise missverstanden werden wollten, und dem ebenso klaren Bekenntnis, dass sich ihre Kunst der Auseinandersetzung mit der Jetzt-Zeit, nämlich dem Lebensgefühl der Beat-Generation, verdankt.

Vor allem Middendorf, den Folker Skulima mit zwei Einzelausstellungen (im Winter '83/'84 und im Sommer '85) protegierte, ist es mit seiner ebenso schrillen wie effektvollen Bildsprache gelungen, dem neuen Lebensgefühl nicht nur zu seinem Ausdruck, sondern zu seinem existenziellen Recht zu verhelfen. Seine großformatigen Bilder kommen quasi als optische Pendants der Rock- und Punkmusik daher, der sich das Freundesquartett mit ihrer eigenen Band namens *Geile Tiere* ganz rückhaltlos hingegeben hat. Aus Bildern wie *Hämmer* (1982, 1985), auf dem junge Männer mit diversen Schlagwerkzeugen auf Kessel und Pauken einschlagen, springt das neue Lebensgefühl mit geradezu vibrierender Musikalität auf den Betrachter über. Hart und schnell ist der Bongoschlag, aber die Szene keineswegs exotisch. Da tanzen ekstatisch die Schwarzen im satten Rot, aber eben auch mit zu-Berge-stehenden Haaren der Maler selbst (*Im Malen*, 1982). Das eigene Atelier wird zum Kulissenschauplatz, das so gut wie eine lichtersprühende Diskothek die Zeichen der Zeit an die grün-rot-gelb flammende Wand wirft.

Das hier nicht nur schöne Götterfunken sprühen, ist Middendorf unmittelbar klar. In den Mustern verschlungen steckt als Teil der inneren Wildnis das Gefühl der Verlorenheit in der Menge *(Einsamkeit der Köpfe*, 1982) sowie die Angst vor Umschlag und Untergang. Dunkle Vögel überfliegen mit ihren Schatten die Stadt, ein düsteres Flugzeug kreuzt den Himmel, wirft sein Unheil kündendes Kreuz über zerstörte, brennende Häuser hin (*Flugzeugtraum*, 1982). Schließlich der sprechende Titel *Jüngling betrachtet Totenschädel* (1983). Hier dementiert der älteste Schmerz die narzisstische Selbstverliebtheit, die meint, die alte Vanitas könne ihr nichts anhaben. Den Tod, den ganzen Tod, mitten im Leben so sanft zu erhalten (ohne nun ins Böse zu fallen), ist unbeschreiblich. Einzig Fetting, bei dem an anderer Stelle die tanzenden Gestalten Middendorfs Indianer spielen (*Indianer*, 1982 und *Zwei Indianer*, 1982), hat das Vanitas-Motiv noch überboten. In seinem Gemälde *Kreuzigung* (1982) schlägt er anstelle von Christus den eigenen Korpus ans Kreuz. Zudem ersetzt er die trauernden Frauen mit Maria im Zentrum durch einen grinsenden Totenschädel.

Fettings Bilder zeigte Folker Skulima im Rahmen einer Gruppenausstellung, die er mit Bedacht zwischen die Einzelausstellungen Middendorfs platzierte. Mit von der Partie waren Ina Barfuss, Thomas Wachweger, Peter Chevalier, K.H. Hödicke und Bernd Koberling. Mit den beiden Letztgenannten signalisierte FS, dass die Neue Malerei als ein generationsübergreifendes Projekt zu verstehen ist; dass es Väter und Söhne gab, die sich gegenseitig inspirierten. Mit der Teilnahme von Chevalier, einem Schüler von Lüpertz, dass die »Heftige Malerei« nicht ein ausschließlich berlinerisches Phänomen war. Karlsruhe ist zu nennen und natürlich Köln mit der viel beachteten Künstlergemeinschaft »Mülheimer Freiheit«.

Es lohnt sich, kurz bei Ina Barfuss zu verweilen, die in den Kreis aufgenommene Künstlerin, nicht Tochter, sondern eigensinnige Malerin und Weggefährtin von Thomas Wachweger – und wie so häufig einzige Frau weit und breit (auf der *Zeitgeist*-Ausstellung etwa war nur Susan Rothenberg als Künstlerin vertreten). Bei ihr wird die Bildfindung des »modernen Menschen« dominiert von deformierten Gestalten, mitunter halb Mensch, halb Tier, die häufig in absurd wirkende gewalttätige Handlungen verstrickt sind. Darunter sind bitter-sarkastische Zeichnungen und Gemälde vom immer wieder schief und fehl laufenden Geschlechterverhältnis. Variationen zum Thema *Heimliche Herrschaft* (1983) und nicht enden wollender Entfremdung. Beim gemeinsamen *Tischgebet* (1982) herrscht zwischen den Partnern totale Stille und Starre, während der Tisch zu leben anfängt und sich in ein totenköpfiges Ungeheuer verwandelt. Ungeheures geschieht auch in der Reprise eines mythologischen Bildes. Nachdem er von der Leber des Prometheus gefressen hat, verliert der Adler in *Fremde Federn* (1983) seine Schwanzfedern, die unversehens am Hinterteil des Heros erscheinen, als wären sie dort angewachsen. Wie weiter? Vermag es der gestrafte Held, sich andere Teile des Federkleides anzueignen? Gibt es Hoffnung, dass er sich einst mit den fremden Federn aufschwingt in die freien Lüfte? Oder wächst dem Adler über Nacht das Gefieder nach, so wie es im Mythos mit der angefressenen Leber geschieht? Es fragt der Betrachter. Den Blick der im Bild versteckten Künstlerin empfindet er als »böse«, ihr Lachen »kynisch«. Die schwelende Lust am Untergang hat freilich ihre Wahrheit in der Unverborgenheit des Augenblicks.

Ist mit Bildern wie diesem ein neuer Abschnitt der Kunstgeschichte eingeläutet worden? Ohne jeden Zweifel: ja. Die jungen Maler und Malerinnen haben – wie hier beispielhaft Ina Barfuss – mit ihren neoexpressiven Bildern die Malerei enorm vitalisiert. Sie schmücken sich zurecht mit ihren bunten Federn. Aber schon der Blick auf das verwendete Material an Farbtuben, etwa der aus ökonomischen Gründen notwendige Griff zu billiger (und schneller eintrocknenden) Caparol-Farbe, verweist auf Vergänglichkeit. Wenn die Jungen Wilden nach ihrem Flug durch die Zeitfenster der Galerien in den beständigeren Museen landen, dann hat der Föhn des Zeitgeistes längst alle Haare getrocknet, die einmal, perlend von Schweiß, rauschhaft zu Berge standen. Der Wind im Federschmuck der Stadtindianer – ein Wimpernschlag nur zwischen Immer und Nie.

Der steile Höhenflug im Aufwind der Zeit, kurzzeitig angefacht durch Turbulenzen auf dem amerikanischen Kunstmarkt, endete rasch. Ende der 80er-, Anfang der 90er-Jahre war unter den international gefragtesten deutschen Malern kein einziger von den Neuen Wilden vertreten – deren vergehende Kunst man übrigens in einem späteren Rückblick noch einmal in »Obsessive Malerei« umbenannte. Die ersten fünf Positionen besetzten (neben den genannten Namen von Baselitz und Lüpertz) Anselm Kiefer, Sigmar Polke und Gerhard Richter (der sich bald an die Spitze setzen sollte). Zuweilen bekamen die Galeristen die neue Begehrlichkeit auf Werke gerade dieser Künstler *en passant* mit. So auch Folker Skulima bei einer Begegnung mit Siggi Loch, dem bekannten Musikmanager und Sammler. Der »Plattenboss aus Leidenschaft« (wie er sich selbst gern nannte) hatte nach Erreichen seines ersten Etappenziels, den Status eines Jazzproduzenten mit eigenem Label (nach dem Vorbild des legendären *Blue Note*-Labels), ein zweites Ziel anvisiert: den Aufbau einer hochkarätigen Kunstsammlung, bestückt ausschließlich mit Werken in Lochs Lieblingsfarbe Blau. In seiner Biografie liest sich die Erinnerung an jene Szene so: »Bei einem Besuch der Galerie Skulima in Berlin entdeckte ich einen Kiefer im hinteren Büro. Das Bild war gerade von einem Sammler aus Stockholm zurückgekommen. Ich habe es ohne lange zu fackeln für die stattliche Summe von 285.000 DM gekauft.«

In einem anderen Fall aus dem Jahre 1995 ging es um Werke von Gerhard Richter. FS hatte sich mit Glenn Lowry, dem damaligen Kurator (und späteren Direktor) des New Yorker MoMA, in der Paris Bar verabredet. Glenn, der von Frankfurt kommend in Berlin eintraf, erschien verspätet und setzte sich mit einem Seufzer der Erleichterung auf den freigehaltenen Stuhl neben Folker. »Das ist der größte Tag in meiner Karriere«, stieß er hervor. »Stell dir vor, ich habe in Frankfurt mit Richter verhandelt, über seine vertrackte RAF-Serie *Bilder einer Epoche*. Und ich hab sie verdammt noch mal bekommen, den ganzen Satz, alle fünfzehn.« Folker, der mit lässiger Geste Champagner orderte, verstand: Glenn hatte die nach Polizei- und Pressefotos gemalten Bilder der RAF-Mitglieder, die im Frankfurter Museum für Moderne Kunst hingen, für's MoMA erworben. Gewiss für eine stattliche Summe. Bilder im verschwommenen Grauschwarz eines anderen, gespenstischen Zeitgeistes. Nachklang des Deutschen Herbstes von 1977.

9

Anfang der 1990er-Jahre beendete Folker Skulima seine Galeristentätigkeit, um sich fortan auf das Kuratieren und die Arbeit an seiner umfangreichen Sammlung zu konzentrieren. Die Galerie in der Niebuhrstraße wurde von Volker Diehl, einem langjährigen Mitarbeiter, übernommen und an Ort und Stelle weitergeführt. Rückblickend bedeutet das, dass jenes Treffen mit Glenn Lowry schon in diese neue (bis heute anhaltende) Ära fiel, wo der persönliche Kontakt mit führenden Museumsvertretern, das wechselseitige Entwickeln und Aufgreifen von Planspielen zum Einmaleins des *making of* von Ausstellungen gehört. Richters RAF-Bilder, die offiziell unter dem Titel *18. Oktober 1977* liefen, kehrten – neun Jahre nach ihrem Ankauf durch das MoMA – im Rahmen einer der bestbesuchten und erfolgreichsten Ausstellungen der Berliner Nationalgalerie nach Deutschland zurück: *Das MoMA in Berlin. Meisterwerke aus dem Museum of Modern Art. N.Y. (2004).* John Elderfield, Chefkurator für Malerei und Skulptur im MoMA, war der Ausstellungsmacher auf amerikanischer Seite; seine deutschen Partner waren unter anderem Mitglieder des Vereins der Freunde der Nationalgalerie, unter ihnen Folker Skulima.

Nur ein Jahr zuvor hatte die Nationalgalerie Berlin FS zum Kurator für die Ausstellung *Alexis Akrithakis* berufen, einer breit aufgestellten Werkschau des früh verstorbenen griechischen Künstlers. Die große Retrospektive sollte die – nach Jannis Kounellis – zweite Stimme Hellas im Ensemble der europäischen Nachkriegskunst noch einmal zusammenhängend zur Geltung bringen. Für Berlin als Standort sprach der künstlerische Lebensweg von Akrithakis. Der machte Anfang der 60er-Jahre seine ersten Schritte als bildender Künstler in Athen; kam dann Ende der 60er- im Rahmen des Berliner Künstlerprogramms als Stipendiat des DAAD nach Berlin, wo er bis 1984 lebte und (sein Repertoire enorm erweiternd) arbeitete. Zu einem der zentralen Mittelpunkte seines Lebens und zugleich zu einem magischen Anziehungspunkt für Künstler und Intellektuelle entwickelte sich das in der Fasanenstraße gelegene Szenelokal seiner Frau, »Fofi's Bar«. Fofi und Alexis, der die Bar liebevoll mit seinen Werken ausstaffierte, wurden rasch zu einem festen Bestandteil, ja, einem pulsierenden Element des Berliner Künstlerlebens. Gleichwohl sahen viele seiner Freunde und Weggefährten in Akrithakis »den Reisenden mit einem Koffer«, denn er pendelte beständig mit seinem VW-Bus zwischen Berlin und Athen, seinen zwei »Heimaten«, hin und her. Und es war der Koffer, dieses Utensil des Ruhelosen, das zu einem sprechenden Signet seiner Kunst avancierte. Man weiß nicht, ob die Ausstellungsmacher bei ihrer Entscheidung den melancholischen Song *Ich hab noch einen Koffer in Berlin* im Ohr hatten, aber was lag näher, als die Koffer des Künstlers in Berlin zu öffnen und dessen künstlerische Hinterlassenschaft hier zu präsentieren.

Für Folker Skulima als Kurator sprach die langjährige Zusammenarbeit und Freundschaft mit dem nahezu gleichaltrigen Akrithakis. Es verband die beiden die Wertschätzung für die Arte Povera, jene Kunst, die mit dürftigen formalen Mitteln und »armen« Materialien die Kraft und Ästhetik einfacher Dinge feiert. Bei Alexis war diesem Rückgriff auf die Dingwelt stets ein heftiger Aktionismus beigemischt, der durch das Beispiel der antiautoritären Protestbewegung sicher noch befeuert wurde. So strich der Freigeist auf der Suche nach Brauchbarem um die Häuser seines Quartiers, machte im Vorbeigehen den »Zwiebelfisch« unsicher und tauchte für eine Weile ab, um etwa für eine freie Theatergruppe Dekorationen zu entwerfen. Die Folge war, dass er bald bekannt war wie ein bunter Hund, aber in seinem Umfeld gar nicht mehr als Künstler wahrgenommen wurde. Die finanzielle Seite seines Tuns achtete er gering. Und wer etwas von ihm sehen wollte: bei Fofi's hingen seine Bilder und Objekte doch! So gut wie ausgestellt!

Es war Folkers Verdienst, den Kern des an den Rändern zunehmend verschwimmenden Künstlerbildes im Blick zu behalten und den Wildfang im Rahmen seiner Galerie einzuhegen, das heißt: ihm angesichts der so fragenden wie anerkennenden Blicke der Besucher und ihrer Bereitschaft, der gebotenen Kunst Tribut zu zollen, zu einem wie immer momentanen Standing zu verhelfen. Diese Einzelausstellung – eine von nur dreien innerhalb der Berliner Periode – fand 1978 statt, nach Ablauf der ersten Dekade in der Wahlheimat. Es war aber auch die Freundschaft zu Fofi Akrithakis, die zu Buche schlug. Fofi hatte ihr »Estiatorion« 1995 (ein Jahr nach dem Tod ihres Mannes) aufgegeben und war, nach einem kurzen Intermezzo, nach Athen zurückgekehrt. In der Planungsphase der großen Ausstellung in der Nationalgalerie, in die die Griechische Botschaft in Berlin sowie die Griechische Kulturstiftung eingebunden waren, war allen Beteiligten klar, dass das Unternehmen ohne die Bereitschaft und die persönliche Mithilfe der Witwe des Künstlers kaum gelingen konnte. Als man Fofi um Unterstützung

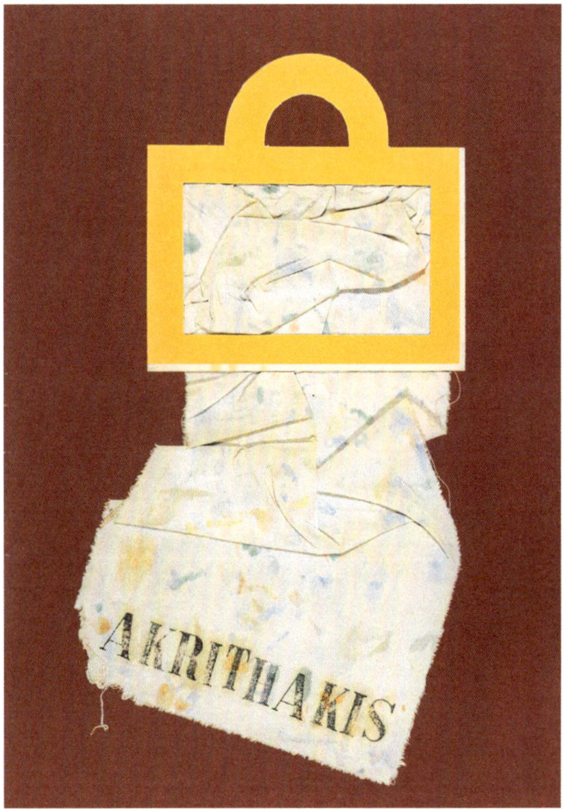

Einladung zur Eröffnung der Alexis-Akrithakis-Ausstellung in der Neuen Nationalgalerie Berlin, 2003

bat und sie erfuhr, dass Folker – der Förderer ihres Mannes, der alte Nachbar aus der Fasanenstraße und Stammgast ihres Lokals – die Ausstellung kuratieren sollte, sagte sie spontan zu. Mit großem Engagement war sie bei der Sache und übernahm quasi die Rolle einer Co-Kuratorin an der Seite von FS.

Alexis Akrithakis kam zur Kunst im Wesentlichen als Autodidakt, der er im Grunde immer schon war. Als eigensinniger, rebellischer Junge bestand sein Selbstunterricht in der Streunerei auf den Straßen und einer notorischen Nachtschwärmerei. Seine frühen Werke sind dagegen in unerwarteter Weise asketisch, so als folge nun kontrapunktisch der Selbstversuch einer Zähmung des Widerspenstigen. Ein ganzes Jahrzehnt lang hält Akrithakis fast ständig Papier und Bleistift in der Hand, um auf den Blättern ausgedehnte Strichlagen zu zeichnen, Punkte und Linien, Knoten und Kringel, Schleifen und Zungen – kleinteilige, unverständliche Glyphen. Lautmalerisch umschrieben wird man diese Arbeiten nach dem typischen Geräusch, dass beim Schaben des Bleistifts auf dem Papier entsteht, *tsiki tsiki* nennen – und über den in versunkener Hingabe Zeichnenden hinter vorgehaltener Hand *so* reden: Er spricht nur wenig und konzentriert sich über endlose Stunden hin auf das *tsiki tsiki*, auch in Gegenwart der anderen.

Ein neuer Stil hat seinen Namen gefunden. Aber was ist hier eigentlich los? Ist Akrithakis einer fixen Idee verfallen? Was sagen die Bilder? Betrachtet man etwa das Werk *Tsiki-Tsiki* (1970), eines von den grünen Bildern, streift das Auge über ein Labyrinth von kleinsten Förmchen in unzähligen Variationen, die miteinander verbunden und verschlungen bis an die Ränder des Blattes wuchern, ohne Abschluss oder Ausweg, den Eindruck einer verspielten, ungeordneten Ornamentik hinterlassend. Dieser erste Eindruck wird infrage gestellt, sobald man verwandte Bilder in die Hand nimmt, auf denen der Künstler aus dem monotonen Irrgarten der Petitessen größere Formen oder Gestalten, organische wie unorganische, hervortreten lässt (so in den Werken *Briefwaage*, 1970 und *Le Cycliste*, 1970). Waage und Radfahrer sind hier keine Objekte *sui generis*; sie bestehen vielmehr (und das ist entscheidend) aus dem nämlichen Stoff. Das flächige *tsiki tsiki* ist also kein Hintergrund, sondern vielmehr der Urgrund elementarer Teilchen und Strukturen, aus denen sich die Dinge und Wesen dieser Welt in je unterschiedlicher Weise zusammensetzen.

Das ist ein aufregender Befund. Es würde bedeuten, in Akrithakis einen späten Nachfahren der Vorsokratiker anzuerkennen, der sich mit seinem *tsiki tsiki* auf die Suche nach den kleinsten feinstofflichen Bausteinen der Materie begeben hat – nach dem, was Anaxagoras die »Samen der Dinge« genannt hat und die heutige Teilchen-Physik als »Strings« (Fäden) und »Loops« (Schleifen) bezeichnet. Aber anders als die alten Philosophen hat Akrithakis jenes intuitive Wissen in ein anderes Feld des Imaginären, in eine andere Sphäre des Metaphysischen übertragen: in die Bildsprache der Kunst. Seine kindliche Fabulierfreude und sein magischer Surrealismus haben ihn offenbar dazu befähigt. Sein *tsiki tsiki* aber wäre in den künstlerischen Rang einer einzigartigen Traumfingerfertigkeit zu erheben. Leitet nicht der Bleistift als sechster Finger die Gedanken und Gefühle des Künstlers aus seinem Körper ab, um diesen Strom der Empfindungen auf eine ungewisse Entdeckungsreise zu schicken? Nicht als Philosoph, wohl aber als ein großer Poet bewegt sich Alexis Akrithakis, wie Maria Kotzamani gesehen hat, an der Grenze von Mythos und Logos. Ein Grenzgänger im griechischen Raum, ständig auf der Suche nach Analogien: »Die poetische *Entelechie* [Handlungsmacht] der Konstruktion, das metrische Sichwiederholen des Rhythmus und vor allem der mystische und unsichtbare Sinn für geometrische Strukturen, den die karge und unfruchtbare griechische Landschaft so tief in sich birgt.«

Unter dieser Perspektive gesehen war es nur folgerichtig, dass Akrithakis' Kunst ihren Anfang bei den kleinteiligen Elementen des Lebens nahm und zu immer größer werdenden Konstruktionen voranschritt. Es ist die Geschichte einer

Holzrelief von Akrithakis, 1978

fortwährenden Metamorphose des einen Lebensstoffs, die der alte Sinnspruch des *Hen kai pan* (»eins und alles«) einst auf den Begriff brachte. Während die *Briefwaage* noch vollständig aus den Urteilchen besteht und nur durch ein unterlegtes Passepartout von ihrer Umgebung absticht, zeigt der farbige Kopf des *Radfahrers* schon einen neuen Zustand an. Es ist, als sei die erste Haut an dieser Stelle wie beim Vorgang der Verpuppung aufgeplatzt, um der neuen Lebensform jenseits des Kokons Raum zu geben. Die Elemente, die zum Vorschein kommen – Vorspiel der späteren Farbbilder – unterscheiden sich in Kolorierung und Größe von den Originalen , aber nicht der Struktur nach. Im Bild *Good Day, Mrs. Radioactivity* (1970) durchbrechen mehrere scharfzackige, wunderbar leuchtende Formationen die alte *tsiki tsiki*-Ordnung, so als sei ausgerechnet das spaltbare Material der Atome aus einer anderen Welt. Die Arbeit *Paysage habillé en Dimanche et pourtant c'est Lundi* (1970) zeigt ein stilistisch weiterentwickeltes, rein farblich gehaltenes *tsiki tsiki*, das an eine Ursuppe erinnert, die zwei Geschöpfe, einen Fisch und eine Schildkröte an eine blaue Wasseroberfläche entlässt. Schließlich sind im Bild *Die roten Koffer* (1973) die Elementarteilchen des *tsiki tsiki* in starker Vergrößerung auf eine Wand projiziert, vor der sich fünf Koffer türmen.

Die roten Koffer sind auf dem Sprung und werden in den Kofferreliefs ein Eigenleben führen. Aber ihre Grundform – ein liegendes Rechteck mit einem halbkreisförmigen Henkel an der Oberseite – entstammt dem Gekröse des *tsiki tsiki*. Schon im Spiegel der zwiespältigen, halb sonntäglich, halb montäglich gestimmten (Unterwasser-)*Landschaft* tummeln sich grafische Symbole und geometrische Figuren, sind Halbkreise und Rechtecke genauso wie pfeilförmige Piktogramme zu erkennen. Aus dem Bilderbogen der polyvalenten Formen haben sich feste und wiederkehrende Bildmetaphern entwickelt, die fortan ein Eigenleben führen. Für Akrithakis den Künstler ist der Koffer nicht länger ein Gegenstand des Alltagslebens, sondern ein sachliches Subjekt der Kunst, das banale wie dramatische Ereignisse und Zustände (darunter Seelenzustände) anzuzeigen vermag. Koffer können träumerisch in einer mondbeschienen *Nachtlandschaft* (1971) stehen; sie können kleineren Koffern Zuflucht gewähren (o.T., 1975) oder umgekehrt andere Dinge einsperren, indem sie sich vergittern (*Vergitterter Koffer*, 1972). Koffer können brennen wie ein Haus (o.T., 1971) oder sich wahlweise in einen rollenden Waggon oder eine Tropfsteinhöhle verwandeln (*Stalaktiten*, 1975).

Mitte der Siebzigerjahre gehen die Kofferreliefs zunehmend in großflächige Holzkonstruktionen über. Akrithakis baut sie aus Brettern und bemalten Stäben, darunter ausgetrocknetes Strandgut, das er häufig von seinen Touren von und nach Athen mitbringt. Teilweise bestreicht er die aufgefundenen Hölzer mit kräftigen Farben, teilweise verbindet und umwickelt er sie mit Wellpappe oder Sackleinen – lauter »arme Materialien«. Ein eindrucksvolles Holzrelief dieser Art ist

Le Bateau (1975). Auf eine blassblaue Bretterwand montiert der Liebhaber des Mediterranen ein Boot, dessen orange leuchtender Korpus durch eine Vielzahl dünner Hölzer gerahmt und zusammen gehalten wird. Hölzer, die von ausgedienten Apfelsinenkisten stammen und noch den rot aufgedruckten Namen des Händlers tragen: F. LLI Brunelli, Ferrara. Italia. Der Schiffsaufbau, halb Kajüte, halb Frachtraum, hat den bekannten Grundriss eines Koffers, diesen Anfangsbuchstaben eines neuen, nur ihm gehörenden Alphabets, auf dessen Nennung der besessene Maler-Dichter nicht mehr verzichten kann. Aber wohin geht die Reise dieses auf einer schwarzen Welle treibenden Geisterschiffs? Ist niemand an Bord?

Dieses Boot, eine Spielart des *Bateau ivre* von Rimbaud, steuert sich selbst. Es fährt auf den Schmuggelpfaden der Erinnerung und hat Contrebande geladen: Abgelebte Redensarten, kuriose Versprecher, fremdsprachige Wortfetzen von einer Sprache, die man nur gleichzeitig mit ihren Taten kennenlernt; weiterhin flüchtige Gesten ohne rituelle Dauer, Augenblicke und Umarmungen, Fofis lautes dunkles Lachen – die Habseligkeiten und wahren Kostbarkeiten einer ungeregelten Existenz, die jene flüchtigen Spuren von Landschaften und Begegnungen nicht wie Staub aus ihren Kleidern klopft. Für einen geistigen Freibeuter, wie *pauvre Alexis* einer war, zählten die geringgeschätzten Güter zum unverlierbaren seelischen Besitz, zu den kindischen Mitteln des Überlebens. Und so wundert es nicht, wenn sein Schiff unter der zweideutigen Flagge »Nimm dir das Leben« fährt, ein Sinnspruch über die »Kunst, wie man Wünsche beim Schwanz packt« (Picasso's Titel für eine tragische Farce, die im Januar 1941, also im ersten kalten Pariser Besatzungswinter, entstand, getragen vom Mutwillen, in düsterer Zeit zu überleben).

Mit der von FS kuratierten Berliner Ausstellung und dem begleitenden dreisprachigen Katalog wurden die Koffer des Künstlers geöffnet, wieder verschlossen und erneut auf die Reise geschickt, die großen Wanderstraßen des kulturellen Gedächtnisses entlang. Das sollte kein letztes Lebewohl sein, vielmehr eine wiederkehrende Vergegenwärtigung, die Aufladung des Vergangenen mit Jetztzeit. Die Fahrt des »trunkenen Schiffes« war noch lange nicht an ihr Ende gekommen. War es nicht insgeheim auf einer *never-ending-tour* unterwegs mit immer neuen Anlegestellen und Expositionen? So wie es im Rahmen der *documenta 14* (2017) geschah, als die Mixed-Media Arbeit *Eight Suitcases with Rubbish from a Beach* im Kassler Fridericianum installiert wurde, und sich zwei Jahre später mit der großen Akrithakis-Ausstellung des Benaki Museum von Athen (2019) fortsetzte. Und wie es hier und jetzt mittels dieser Zeilen geschieht, niedergeschrieben und gelesen, um später vielleicht auf das Datum eines Geburtstages hin vorgetragen zu werden, ein Vogelgezwitscher, das in der Geschwindigkeit einer Geraden gehört werden will – ein Kunststück, das *er* noch geschafft hat: Alexis

Akrithakis, der Mann mit dem Koffer, Grieche und Wahlberliner, ein Kind von Europa.

Im Sommer 2005 verschob sich für den Ausstellungsmacher Folker Skulima das Achsenkreuz Berlin–Athen in Richtung Berlin–Venedig. In der Lagunenstadt öffneten sich die Tore des Palazzo Venier dei Leoni, in dem Peggy Guggenheim seit 1949 für sich und ihre weltberühmte Sammlung ein europäisches Zuhause gefunden hatte, für eine außergewöhnliche Ausstellung: *Affinities – Werke der Peggy Guggenheim Collection und der Sammlung Ulla und Heiner Pietzsch.* Vor Ort verantwortlich für die Doppelschau war Philip Rylands, der damalige Direktor der Peggy Guggenheim Collection (PGC); realisiert wurde sie für den Part der PGC von Jasper Sharp und Luca Massimo Barbero, für den Part der Sammlung Ulla und Heiner Pietzsch (SUHP) von FS, dem Freund und Berater des Berliner Sammlerpaares. Skulima war es auch, der den Titel *Affinities* kreierte und damit den Fingerzeig gab für das zugrunde liegende Konzept: Präsentation und Wahrnehmung von Ähnlichkeiten und Verwandtschaften zwischen den ansonsten sehr unterschiedlichen Sammlungen. Konkreter gesagt: Vergleich und Gegenüberstellung der jeweiligen Gemäldegruppen der europäischen Surrealisten auf der einen, der Papierarbeiten der amerikanischen Abstrakten Expressionisten auf der anderen Seite. Und hinter den Werken selbstverständlich die *similarity of spirit and taste* der Sammlerpersönlichkeiten. Aber wer kam überhaupt auf die Idee einer vergleichenden Ausstellung?

Die beiden Pietzschs waren es jedenfalls nicht. Das Sammlerpaar hatte seit den 1960er-Jahren eine der großen Privatsammlungen der klassischen Moderne zusammengetragen, aber nie wären sie auf den Gedanken gekommen, sich mit Peggy Guggenheim zu vergleichen. Peggy entstammt einer Dynastie, die ihr Flagschiff in dem Solomon R. Guggenheim Museum auf der Fifth Avenue in New York hat, wo sie selbst mit der Gründung der Museumsgalerie »Art of this Century« Karriere machte und als »Mistress of Modernism« gefeiert wurde. Mit ihrer Rückkehr nach Europa hat sie ihren Höhenflug bis zu ihrem Tod im Jahre 1979 unvermindert fortgesetzt und in Venedig eine Institution hinterlassen. Die Pietzschs befanden sich also nicht wirklich auf Augenhöhe mit ihr. Sie hatten großen Respekt vor Peggy und wussten, »dass die Guggenheim Collection unsere Bilder nicht braucht« (so Heiner Pietzsch in einem mit FS geführten Interview). Der Anstoß zu dem überraschenden Projekt einer gemeinsamen Ausstellung kam also von anderer Seite.

Erst nach dem Ereignis, im Zuge der Herausgabe eines ganz wunderbaren Kataloges, hat Heiner Pietzsch eine Erinnerung mitgeteilt, welche die Hintergründe und die verschlungenen Wege, die schließlich zur doppelten Werkschau geführt haben, erleuchtet. »Eigentlich fing alles mit einem Gegenbesuch in dem kleinen, aber feinen Parrish Art Museum in South Hampton (NY) an«, beginnt seine Erzählung. Eine Berliner Freundin hatte die führenden Leute des Museums eingeladen und unter anderem einen Besuch der Sammlung Pietzsch arrangiert, in der neu erbauten weißen Villa am See eines grünen Vorortes von Berlin. Diese Gastfreundschaft wurde erwidert durch eine Einladung, im nächsten Jahr nach Long Island zu kommen. Dort eingetroffen, betraten die Pietzschs ganz unvorbereitet den geschichtlichen Boden einer der kreativsten Künstlerkolonien an der Ostküste der Vereinigten Staaten: *Hamptons Bohemia*. Es war hier, in den 50er-Jahren, wo Jackson Pollock und Willem de Kooning, aber auch Literaten wie John Ashbery und Frank O' Hara ihre Häuser und Ateliers errichtet hatten. Es war hier, wo Lee Krasner an der Seite ihres Mannes (Jackson Pollock) ihre berühmten *Earth-Series* kreierte. Es war hier, wo etliche der von den Sammlern in fernen Galerien oder Auktionshäusern erworbenen Bilder und Papierarbeiten entstanden waren. Diese Zeit war unwiederbringlich dahin, aber auf dem »Green river cemetery« von Springs, East Hampton, konnten die Pietzschs die Grabsteine dieser Gründergestalten einer neuen Ära amerikanischer Kunst sehen und bestaunen.

Ulla und Heiner Pietzsch waren von der anhaltenden Ausstrahlung dieses Ortes fasziniert. Eine anschließende fachkundige Führung im Parrish Art Museum tat ein Übriges. Unverhofft hatten sie, vermittelt über das Lokalkolorit der Arbeits- und Lebensweise vieler der von ihnen verehrten (und gesammelten) Künstler, etwas vom subkulturellen Hintergrund einer der zentralen Künstlergruppen ihrer Sammlung mitbekommen: den Werken der amerikanischen Abstrakten Expressionisten. Es war, als würde dieser Teil jetzt gleichsam nachholend geerdet. Anders als Peggy Guggenheim, die im Grunde jeden ihrer Künstler kannte, mit vielen befreundet und mit einigen liiert war, haben die Pietzschs ja nicht in jener Zeit gesammelt – und nur den aus der Gruppe der Surrealisten stammenden Max Ernst persönlich kennengelernt. Voller Dankbarkeit überreichten sie ihren Gastgebern den ersten, bereits erschienen Band über ihre Sammlung mit dem Titel *Leben mit Kunst* (Berlin 2000). Nun war das Erstaunen auf der anderen Seite. Denn schon beim ersten gemeinsamen Durchblättern gab es bei den amerikanischen Gastgebern und Freunden ein ebenso erstauntes wie anerkennendes Ah und Oh. Es sollte in der Kunstszene seine Kreise ziehen und in den folgenden Wochen und Monaten auch Mitarbeiter der New Yorker Guggenheim Foundation erreichen. Die kreative Energie des ersten Eindrucks arbeitete in den Köpfen der Guggenheimer weiter und näherte sich schrittweise der Idee an, die FS schon länger in sich trug. So schloss sich der Kreis; das Projekt einer gemeinsamen Werkschau war geboren.

Guggenheim meets Pietzsch. Als Folker Skulima mit einer konkreten Anfrage der Guggenheim Foundation aus New York zurück kam und das Sammlerpaar Pietzsch aufsuchte, verhielten sich die beiden zunächst sehr reserviert. Sie konn-

Plakat zur Ausstellung *Affinities* in der Peggy Guggenheim Collection Venedig 2005

FS und das Sammlerehepaar Pietzsch in den Ausstellungsräumen, rechts das Motiv des Plakates: Joan Miró, *Sans titre*, 1925, aus der Sammlung Pietzsch

ten die spontane Begeisterung ihres Freundes und Vermittlers nicht teilen. Zu übermächtig erschien ihnen der mögliche Partner, zu groß die Unterschiede. Die Ebenbürtigkeit mit Peggy, die andere spontan wahrnahmen, war ihnen nicht geheuer. Sie brauchten Zeit, um die zweite Seite der Medaille – die verblüffenden Ähnlichkeiten in der Sache – annehmen und entsprechend würdigen zu können. Der darauf gemünzte Titel der Ausstellung – *Affinities* – sowie der ansteckende Enthusiasmus der Guggenheimer brachten die Wende. Endlich überwog die Genugtuung, die eigenen Kostbarkeiten in der exzentrischen Welt der Peggy Guggenheim Collection zeigen zu dürfen.

Schon der Tag der Ausstellungseröffnung, an dem sich Besucherschlangen vor dem Eingang des Museums drängten, machte deutlich, dass das Interesse am versprochenen Dialog der beiden Sammlungen groß war. Am Ende zählte man 130.000 Besucher, davon allein 1.000 noch am Tag der Finissage, die das so unkonventionell arrangierte Tableau der Kunst von Surrealismus und Abstraktem Expressionismus sehen wollten. Die diversen Räumlichkeiten des Hauptpalazzos hatte man den Surrealisten vorbehalten. Die Ausstellungsmacher wussten natürlich von der innigen Verwandtschaft der beiden Sammlungen gerade auf diesem Feld. Mehr als zwanzig der in der Sammlung Pietzsch vertretenen surrealistischen

FS, Ulla und Heiner Pietzsch während der Ausstellung in Venedig; links vor Pablo Picassos *Femme aux arabesques*, 1931 aus der Sammlung Pietzsch

Künstler – unter ihnen André Breton, Salvador Dalí, Paul Delvaux, Roberto Matta und Francis Picabia – waren auch (oder schon) in der Eröffnungsinstallation von Peggys legendärer New Yorker Museumsgalerie »Art of This Century« vertreten. Nun galt es, durch eine kluge Hängung das Wissen um diese Verschränkung augenfällig zu machen.

Gleich die helle Eingangshalle konfrontierte das Publikum mit der ersten Gegenüberstellung von zwei Werken eines der Gründerväter der europäischen Moderne: Picassos *Femme aux arabesques* (1931, SUHP) und *La Baignade* (1937, PGC). In der Hauptgalerie zog René Magrittes *Les Complices du magicien* (1926, SUHP) die Blicke auf sich. Dem großformatigen Gemälde wurde die grazile Plastik *Femme qui marche* (1932, PGC) von Giacometti gegenübergestellt, in der Henrike Schulte den feinen Körper einer der Komplizinnen von Magritte wiederzuerkennen glaubte. Das wahre Pendant dürfte jedoch in Magrittes *L'Esprit comique* (1928) zu finden sein, ein Werk, das ebenfalls in Berlin beheimatet ist. Einen weiteren Höhepunkt bildeten zwei Werke von Miró: *Peinture* (1925, PGC) und *Sans titre* (1925, SUHP). Erstanden in der fruchtbarsten Schaffensperiode des Künstlers geben die beiden Gemälde – sie gehören gleichsam zur ersten Welle der Produktion von ca. 80 Werken – Zeugnis für die Findung einer neuen Bildsprache. Mit ihrer Zusammenführung in der Bibliothek von Peggy Guggenheim meint man einen Sprung in jene wilden Jahre des Surrealismus zu tun.

Weitere surrealistische Dialoge entspinnen sich zwischen dem Max Ernst von Peggy Guggenheim (*Jeune femme en forme de fleur*, 1944) und dem der

Pietzschs (*Jeune homme au coeur battant*, 1944); zwischen Yves Tanguys *Le Soleil dans son écrin* (1937, PGC) und seinem bemerkenswert ähnlichen Werk *Quelques messieurs* (1937, SUHP). Eine Korrespondenz der besonderen Art wird zwischen zwei Gemälden von Wolfgang Paalen gestiftet, der hier mit dem Verfahren einer »Fumage« – der Verwendung von Rauch und Ruß einer Kerze – arbeitete. In *Paysage totémique de mon enfance* (1937, PGC, jetzt Tel Aviv Museum of Art) und *Plumages* (1938, SUHP) erheben sich finstere Kreaturen und Chimären aus einer aufgewühlten Grundlinie in den Himmel, so als würden die Mythen der Alten und die Albträume der Kindheit ineinander fließen. Paalen ist auch ein gutes Beispiel für die Tatsache, dass ein Blick auf die Provenienz die beiden Sammlungen wieder auseinander zu reißen vermag. Beide seiner Werke wurden 1939 auf einer Ausstellung der Guggenheim Jeune in London gezeigt und ersteres direkt von dort für Peggys Sammlung gekauft. *Plumages* zirkulierte dagegen viele Jahrzehnte lang durch die Kunstwelt, bevor die Pietzschs das Bild Mitte der 80er-Jahre erwarben.

Noch für einen weiteren Tatbestand ist Paalen ein guter Zeuge. Er, der einzige Österreicher unter den Pariser Surrealisten, ging beim großen Exodus auf Einladung von Frida Kahlo nach Mexiko. Von dort übte er einen großen Einfluss auf viele der jungen US-amerikanischen Künstler wie Jackson Pollock und Mark Rothko aus. Sein Name symbolisiert beispielhaft das Bindeglied zwischen dem alt-europäischen Surrealismus und dem neuen abstrakten Expressionismus auf amerikanischem Boden. Die beiden Pietzschs, deren erster Schwerpunkt eindeutig Surrealismus hieß, hatten diesen Übergang anfänglich nicht im Blick. Es war ein weiteres Mal Folker Skulima, der hier mit seiner Kennerschaft Einfluss nahm und dem mit ihm befreundeten Sammlerpaar die Erweiterung ihrer Kollektion um einen zweiten Schwerpunkt empfahl. Sein entscheidender Hinweis galt einer Ausstellung des Whitney Museum of American Art, die im Oktober des Jahres 1986 unter dem sprechenden Titel *The Interpretive Link: Abstract Surrealism into Abstract Expressionism, works on paper 1938–1948* eröffnete.

Der zweite Teil der Sammlung Pietzsch, der sich mit seinen bedeutenden Werken der amerikanischen Abstrakten Expressionisten der späten Wahrnehmung jener historischen Wende und Weiterentwicklung verdankt, wurde in den neuen Galerieräumen am Dorsoduro 704 gezeigt. Ihm wurde mit der aktuellen Wechselausstellung *No Limits, Just Edges: Jackson Pollock Paintings on Paper* die zentrale Gestalt der frühen Peggy Guggenheim Collection gegenübergestellt. Zu sehen waren unter anderem ein einmaliges Frühwerk von Barnett Newman (*The Slaying of Osiris*, 1944–45), drei seltene Arbeiten von William Baziotes sowie zwei Zeichnungen von Jimmy Ernst, dem Sohn von Max Ernst und Stiefsohn von Peggy Guggenheim. Auch diese zweite Abteilung war dem kuratorischen Leitmotiv einer wechselseitigen Bezugnahme verpflichtet. So standen sich zwei aus demselben Jahr stammende Werke von Mark Rothko, *Sacrifice* (1946, PGC) und *Omen* (1946, SUHP), in ungewohnter räumlicher Nähe gegenüber, um beim Betrachter über das Geschenk eines vertieften Werkverständnisses eine neue Begeisterung auszulösen. Faszinierend auch die Konfrontation des Motherwell von Guggenheim (*Personage / Autoportrait*, 1943) mit dem der Pietzschs (Studie zu *Pancho Villa, Dead and Alive*, 1944).

Wie ein Meisterstück für den gelungenen Dialog zwischen den Sammlungen ragt ein interessantes Bildpaar von Jackson Pollock, *Direction* (1945, PGC) und *Icarus* (1946, SUHP), aus der Präsentation heraus – dies nicht zuletzt wegen der historischen Beziehung des Erstlingsstücks zu seinem Pendant. Beide Arbeiten waren Teil einer frühen Ausstellung des Künstlers im April 1946 in Peggys »Art of This Century«, jener Ausstellung, die nur wenige Tage nach dem Zeitpunkt eröffnet wurde, an dem der Kritiker Robert Coates mit Blick auf die New York School erstmals den Begriff »Abstrakter Expressionismus« benutzt hatte. Die gezeigten Werke von Pollock waren teils in seinem Atelier in der East 8th Street von New York entstanden, teils in seinem Bauernhaus in East Hampton. *Direction* gehört zur ersten Gruppe, *Icarus* zur zweiten. Die Pietzschs hatten also Jahre später gerade jene Arbeit erworben, die den Geist von *Hamptons Bohemia* in sich trug, das Bekenntnis zur Freiheit und den Mutwillen zum kühnen Aufbruch. Der *Icarus* ist damit beides: Leitmotiv einer intensiven Sturm-und-Drang-Phase auf Seiten des Künstlers und ein Leitfossil der späten »Ausgrabung« dieser auf dem Boden der Hamptons erwachsenen Kunst seitens der Sammler.

10

Prestigeträchtige Großveranstaltungen wie die Doppelausstellung Pietzsch–Guggenheim in Venedig sind Teil von Ereignisketten, in deren Ablauf sehr viel kleinere Events eine nicht zu unterschätzende Rolle spielen. Nicht als Lückenbüßer, sondern als Statthalter auf Nebenschauplätzen. Die Teilnahme an einem Symposium oder die Einladung zu einem Fernsehauftritt sorgen auf ihre Art für Präsenz und Aufmerksamkeit in der Öffentlichkeit; sie helfen mit, den in Konkurrenz mit anderen Akteuren eingenommenen Rang zu halten und zu bekräftigen. Die Laufbahn des Galeristen und Kurators Skulima kennt zahlreiche solcher situativen Zwischenstops. Zwei Beispiele seien hier herausgegriffen.

Am 26. April 2012 veranstaltete das Stockholmer »Museum and Foundation for Contemporary Art« in Zusammenarbeit mit dem dortigen Goethe-Institut eine Tagung zu dem Thema: *Authoritarian Regimes and the Art – In Europe over the past 50 Years*. Eingeladen waren einige prominente Kultur- und Kunstschaffende, darunter die kroatische Dramaturgin und Theaterregisseurin Ivana Sajko, der bulgarisch-deutsche Autor und Theater- und Filmschauspieler Samuel Finzi sowie der im Ankündigungstext als »legendary gallerist« vorgestellte Folker Skulima. Unter der Moderation von Berit Schuck, einer unabhängigen Kuratorin aus Berlin, drehte sich die Diskussion um Fragen wie: Was sind die Einflüsse von Konflikten zwischen »Regime and Art« auf Körper und Geist von Künstlern? Wie wirkt sich deren Verarbeitung auf die Kunst selbst aus – progressiv oder regressiv? Wie ist Verständigung möglich zwischen Künstlern, die in Demokratien die Freiheit der Kunst genießen, und Künstlern, die mit ihrer Kunst gegen autoritäre Regime rebellieren?

Das Tagungsthema wurde begleitet und gespiegelt durch eine Ausstellung von Werken des chinesischen Künstler-Dissidenten Ai Weiwei. Seine vor Ort gezeigte Konzept- und Objektkunst stand unter dem selbstgewählten Motto: »Everything is art. Everything is politics. Every art is a political thing.« Ein Spruch, ganz nah an einem Haiku. Wachgerufen wurde die Erinnerung an das Massaker auf dem Tian'anmen Platz in Peking und nachfolgend die Erinnerung an den Prager Frühling und die Balkankriege sowie die späteren Umbrüche in Osteuropa, einschließlich des Falls der Berliner Mauer. FS, das Berliner Urgestein, bekannte: Nicht die Kunst selbst hat die Verhältnisse zum Tanzen gebracht. Und doch ist die Kunst der höchste Ausdruck der Freiheit. Deshalb gilt: Jede wahrhaftige Kunst ist ein Plädoyer für mehr Demokratie.

Szenenwechsel. Im Sommer 2018 erging an Folker Skulima die Einladung zu einem Auftritt im Museumsfernsehen, dem Portal für Kunstvideos deutschsprachiger Museen. Als Abschluss und Höhepunkt der Reihe *40 Jahre – 40 Kunstwerke* sollte er im Auftrag der Freunde der Berliner Nationalgalerie – einer Vereinigung, bei der er seit vier Jahrzehnten Mitglied ist – das Werk *Untitled (Dancing Star)* von Alexander Calder vorstellen. Zum Hintergrund der Einladung gehört, dass FS das filigrane Objekt des amerikanischen Meisters kinetischer Plastik einst in New York erworben und dann Jahre später an die Freunde der Nationalgalerie verkauft hatte. Nun war er als (Kunst)Liebhaber und Kunstsachverständiger aufgerufen, den Freunden des Museumsfernsehens das besondere Stück kinetischer Kunst zu präsentieren und zu erläutern.

Calder kam 1930 nach Paris, der Hauptstadt der künstlerischen Moderne. Er brachte die Leidenschaft mit, aus Draht mittels einer Zange, die er stets bei sich hatte, kleine Figuren zu formen – Tiere und Menschen. Erst angeregt durch die Begegnung und Freundschaft mit Piet Mondrian und Joan Miró, ersetzte er die Figuren nach und nach durch abstrakte, farblich nuancierte Elemente, die er an feine Stäbe und Bügel montierte und nach der Hängung kunstvoll ausbalancierte. Die Verbindung von Abstraktion und Bewegung schuf die Illusion einer magischen Schwerelosigkeit. Es war Marcel Duchamp, der diese neuen, von Calder geschaffenen Gebilde »Mobiles« taufte – das heißt: freischwingende Wesen, die sich durch den leisesten Lufthauch in Bewegung (ver)setzen (lassen), in Schwingungen so lautlos wie ein Vogelflug. Das besagte Werk *Untitled* besitzt ein rotes, metallisches Standbein, das aufstrebend blaue und gelbe Sonden trägt, welche die Raummitte wie Planetenringe umkreisen und Licht und Wellen aussenden zu den nächst höheren Figurinen, die sich ihrerseits wie Artisten drehen und bewegen, so dass sich der *Dancing Star* in einen galaktischen Zirkus zu verwandeln scheint. Es waren Gedanken wie diese, aber nicht zuletzt Skulimas Puste, die jene mobilen Himmelskörper in neue Konjunktionen versetzte und auf diese feine Weise das Geheimnis des Mobiles preisgab: die sehr erträgliche Leichtigkeit der Kunst (als die andere Seite ihrer politischen Kraft).

Noch im selben Jahr 2018 warf ein neues, finales Großereignis seinen Schatten weit voraus. FS, der jahrzehntelang die nationale wie internationale Kunstszene als Galerist und Kurator, als Sammler und Kunsthändler begleitet und geprägt hatte, gründete die *Kunststiftung Folker Skulima* mit Sitz in Berlin. Sagte man, ein Lebenstraum ging in Erfüllung, griffe man zu einem Klischee. Nein, ein weit verzweigter Lebensweg, der über Heidelberg -Sitges-Berlin-Köln-Düsseldorf-Basel-London-Edinburgh-Neapel-New York-Los Angeles-Chicago-Venedig-Stockholm führte (um nur die wichtigsten Stationen zu nennen) – ein Weg, über den FS stets leichtfüßig, manchmal mit traumwandlerischer Sicherheit geschritten ist, fand mit der Gründung der nach ihm benannten Kunststiftung einen krönenden Abschluss. Einen Abschluss wohlgemerkt im Sinne eines neu abgesteckten, in die Zukunft offenen Terrains, Raum also für eine neue letzte Aufgabe im weiten Feld der Kunst.

Die Stiftung tritt in der Öffentlichkeit als Ort der Begegnung und des Gesprächs von Menschen über Kunst in Erscheinung, konkret durch eine kontinuierliche Reihe von Veranstaltungen zur Kunstgeschichte und zum zeitgenössischen Kunstalltag. Höhepunkt der Stiftungsaktivitäten ist die alljährliche Verleihung des mit 20.000 Euro dotierten Folker Skulima Preises, der wahlweise für das Einzelwerk oder das Lebenswerk einer namhaften Künstlerpersönlichkeit ausgelobt wird.

Die Auftaktveranstaltung vom 28. Mai 2019 widmete sich unter dem Titel *Joseph Beuys – Der erweiterte Kunstbegriff und die Soziale Plastik* einer der wichtigsten Gestalten in der Kunst des 20. Jahrhunderts. Mit großem intellektuellem Aufwand und ebenso großem sozialem Engagement trieb Beuys die Vision voran, die Kunst aus dem ihr von der Gesellschaft zugestandenem Freiraum einer ästhetischen Spielwiese herauszuführen und als Avantgarde für die Bereitstellung neuer Räume für Freiheit und Kreativität in allen gesellschaftlichen Lebensbereichen zu begreifen. Unter dem Einfluss der Fluxus-Bewegung entstanden, bedeutet der erweiterte Kunstbegriff eine Weiterentwicklung des Beuys'schen Konzepts des »Gesamtkunstwerkes«. Er stellt vor allem den traditionellen Werkbegriff, der das Kunstwerk als eine abgeschlossene Sache des Künstlers versteht, infrage. Jetzt gelten etwa eine Interaktion (Performance, Happening), eine neue Situation (Installation, Environment), ein Prozess oder ein Konzept, aber auch eine Institution, ein Politikentwurf oder eine soziale Utopie als sozial verbindende Lebensformen, die als Kunstwerke verstanden werden können.

Beispiele für die Inszenierung dieser neu verstandenen Kunstform sind etwa die Performance *Wie man dem toten Hasen die Bilder erklärt* (1965), das soziale Projekt *Honigpumpe am Arbeitsplatz* (1977) oder die ökologische Aktion *7000 Eichen – Stadtverwaldung statt Stadtverwaltung* (1982). Gemeinsam ist diesen erweiterten Kunstaktionen, dass das erprobte Gestaltungsprinzip der Kunst auf das gesellschaftliche Miteinander in anderen Lebensbereichen übertragen wird. Beuys Credo lautet: Wie der Bildhauer seinen Ton oder seinen Stein bearbeitet, so ist im Konzept des erweiterten Kunstbegriffs die Gesellschaft selbst das Material, das auf Umgestaltung drängt. Die so neu entstehenden sozialen Organismen nennt Beuys (in Anlehnung an die alte Kunstsprache) »Soziale Plastik« oder auch »Soziale Skulptur«.

Als Kunstexperten eingeladen waren Dr. Eugen Blume, einer der renommiertesten Beuys-Kenner und langjährige Leiter des Hamburger Bahnhof – Museum für Gegenwart, und Konstantino Dregos, ein junger, in Berlin lebender bildender Künstler griechischer Herkunft. Sie vertieften die verschiedenen Aspekte des komplexen Kunstverständnisses von Joseph Beuys und beleuchteten dessen anhaltende Bedeutung vor allem für das Selbstverständnis der jüngeren Künstlergenerationen. Folker Skulima erinnerte an die erste Begegnung mit dem Künstler im Herbst 1971 in Neapel anlässlich einer großen Ausstellung in der Galerie von Lucio Amelio: *Ciclo sull' opera di Joseph Beuys 1946–1971*. Gezeigt wurden damals 130 Zeichnungen und Konzepte aus den Sammlungen Lothar Schirmer und Rainer Speck. Während der Veranstaltung wurde ein Foto von Beuys gemacht, das ihn vor dem Eingang der Villa Orlandi auf Anacapri zeigt, und zwar in der kraftvoll vorwärts schreitenden Pose der Zentralfigur des Gemäldes *Der vierte Stand* (1901) von Giuseppe Pellizza da Volpedo – einer Ikone der frühen italienischen Arbeiterbewegung. Die handschriftliche Bildunterschrift lautete: *La rivoluzione siamo Noi* (Die Revolution sind wir.) Beuys als Revoluzzer, ja – aber keiner von den anwesenden Künstlern, weder Kounellis noch Merz, wären je auf die Idee gekommen, diese Maskerade wirklich ernst zu nehmen. Sie alle verehrten ihrerseits in Beuys eine der herausragenden Leitfiguren der zeitgenössischen Kunst, der seinerseits die Freiheit der Kunst als universelles Menschenrecht einforderte.

Im Zentrum der zweiten Veranstaltung der Kunststiftung am 17. Juni 2019 stand die große Gestalt des spanischen Malers Francisco de Goya. Er war der erste Künstler, der an der Schwelle vom Mittelalter zur Neuzeit den Mut und die Verzweiflung der modernen Zeit festhielt. Er malte und bannte mit Nachtmahren und Hexensabbaten die alten Ängste des Aberglaubens, aber ebenso die neuen Schrecken des anbrechenden Fortschrittsglaubens. Er begriff – spätestens angesichts der Gräueltaten des in Spanien wütenden napoleonischen Heeres, die er als Zeitzeuge in der Serie *Desastres de la Guerra* festhielt –, dass nicht nur der Schlaf der Vernunft Monster gebiert. Wenn Aufklärung »die radikal gewordene mythische Angst« (Horkheimer-Adorno) ist, dann beherrscht die entfesselte Vernunft die geschundenen Menschen auf ihre Art. Goya erkennt im Neuen das Immerwiedergleiche: »La Misma« – die selbe Tortur, die gleiche Marter, vorgetragen und ausgeübt mit neuen Mitteln und neuer Begründung. In den sogenannten *Schwarzen Bildern* der Spätzeit seines künstlerischen Schaffens erscheinen (nach einem Wort von Fred Licht) »die Ungeheuer nicht länger als Eindringlinge, sondern als die rechtmäßigen und immerwährenden Bewohner unseres äußeren wie inneren Universums«.

Joseph Beuys mit Lucio Amelio und Folker Skulima 1972 in Rom

Vorgestellt wurde der grafische Zyklus der *Disparates* (Torheiten), die unzugänglichste unter den Radierungsfolgen Goyas. Sie wurde zu seinen Lebzeiten (1746–1828) nie veröffentlicht; sie ist undatiert und gilt als nicht abgeschlossen; über die Reihenfolge der Bilder ist nichts bekannt, die Herkunft der Titel nicht gesichert. Viel Dunkel also, erhellt einzig durch die Leuchtkraft der Universalsprache, in der Goya gemalt hat, um sein Kassandrawissen von der Moderne weiterzugeben. Dieses Wissen ist bedrückend. Die Traumgesichte des Siebzigjährigen – 18 Szenen von der Grundfarbe Schwarz – lassen sich lesen als Stationen einer Reise durch Absurdistan. Auf dem gefährlichen Weg durch dieses Zwieland des Menschlichen-Allzumenschlichen erweist sich Goya indes als ein verlässlicher Führer. Sein erfinderischer Zweifel an der Realität gibt der gestaltlosen Verzweiflung ein ums andere Mal das Nachsehen. Umgekehrt bleibt die beharrlich vorgetragene Parole, dass es auf dieser Welt nichts zu lachen gibt, der Wachsamkeit des Gelächters unterstellt. So pocht Goya auf das Leben, ohne vom argen Weg der Erkenntnis zu lassen.

Eingeladen war interessanterweise kein Kunsthistoriker, sondern mit Franz Maciejewski* ein Schriftsteller, der aus seinem neu erschienenen Buch *Die Torheiten des Francisco Goya* vortrug. Es handelt sich bei dieser Arbeit um den Versuch,

* Das ist der Autor dieses Buches.

sich dem malerischen Werk mit den Mitteln der Poesie anzunähern, das heißt, den einzelnen Blättern mit den Augen geschriebene Prosagedichte an die Seite zu stellen. Goya zeigt in den *Disparates* Dinge, die es in der Wirklichkeit nicht geben kann, völlig realistisch: etwa ein auf einem Seil balancierendes Pferd, auf dessen Rücken eine junge Frau tänzelt; oder mit fantastischen Flugapparaten hantierende Männer, die wie schwerelos durch die Lüfte schweben. Viele der auftretenden Kreaturen sind gewagt, andere provozieren und erschrecken, weil sie der Dominanz des Deformierten, Marginalisierten und Undenkbaren Gestalt verleihen. Goya, der Grenzgänger der Moderne, führt den Betrachter in seinen *Disparates* an eine Wegscheide. Anders als im Fall der bekannteren *Caprichos*, deren gesellschaftskritisches Potenzial die konkrete Realität einer bestimmten Epoche aufblitzen lässt und so ein Sinnverstehen ermöglicht, gelingen beim Blick auf die *Disparates* allenfalls Lesarten, unweigerlich verstrickt in die Torheit der Interpretation.

Die poetische Übersetzung eines Werkes der bildenden Kunst ist immer beides: Auslegung des vorgegebenen Figuralen und dessen Umschmelzung in eine neue Form – und damit Dokument einer Rezeption und einer Neuschöpfung. Voraussetzung für das Gelingen dieses »Fergendienstes« ist die Bereitschaft zum Dialog, der seinerseits Aufmerksamkeit und Einfühlung verlangt. Was über-(ge)setzt wird, ist ein Fremdes, das nah wird, wenn man in seiner Nähe das Eigene erkennt. So entsteht aus der Spannung zwischen Fremdheit und Nähe eine Wahlverwandtschaft, in der sich das dialogische Prinzip, das sich die Kunststiftung Folker Skulima auf ihre Fahnen geschrieben hat, bewährt.

Am 9. Oktober 2019 fand die dritte Veranstaltung der Stiftung statt, dieses Mal zum Thema der frühen russischen Avantgardekunst. Im Mittelpunkt stand ein (fragmentarisch gebliebenes) Werk von El Lissitzky (1890–1941), die Figurinenmappe *Sieg über die Sonne*, ein Portfolio von zehn Lithografien aus dem Jahre 1923. Lissitzky schwebte ein »elektro-mechanisches Theater« vor, mit dem er auf spektakuläre Weise den Übergang vom Futurismus zum Konstruktivismus vollziehen und damit die Bühne resp. das Schauspiel revolutionieren wollte. Er wandelte dabei in gut kenntlichen Spuren. *Sieg über die Sonne* lautete der Titel einer futuristischen Oper, die Michail Matjuschin zu der Dichtung von Alexej Krutschonych komponierte und im Dezember 1913 im Petersburger Lunapark zur Aufführung brachte. Kein Geringerer als Kasimir Malewitsch entwarf die Kostüme für die Sänger sowie die Vorhänge, darunter den Großen Vorhang, der ausschließlich ein schwarzes Quadrat darstellte – Initial für den Weg vom Kubismus zum Suprematismus und damit zugleich Signum einer neuen Kunstrichtung.

Mit dem kompromisslosen schwarzen Quadrat versuchte Malewitsch die Kunst vom Ballast des Gegenständlichen zu befreien. Er warf die alten ästheti-

Francisco de Goya,
Disparates

schen Kategorien über Bord und rückte stattdessen die Ästhetik des mathematischen Denkvorgangs auf den »übergeordneten Rang«. Als erster wagte er den Schritt zur absoluten Malerei. Über Malewitsch geriet El Lissitzky in den Sog dieser radikalen Neuorientierung und wurde bald ein entschiedener Mitstreiter auf dem Feld von Konstruktivismus und Suprematismus. Name und Schaffen Lissitzkys sind untrennbar verknüpft mit der Geschichte der gegenstandslosen Kunst – und ihrer Zuspitzung. Ihn faszinierte die rein abstrakte, mit stereometrischen Elementen arbeitende Kunst, die aus der ästhetischen Erfahrung der technischen Welt hervorging – einer »Ästhetik der Stahlzeit«. Hier liegt der Grund, warum er den alten Operntitel *Sieg über die Sonne* nicht nur aus formalen Gründen übernahm, sondern als programmatische Parole einer neuen revolutionären Zeit verstand. In seinem Einführungstext verkündet er mit großem Pathos: »Die Sonne als Ausdruck der alten Weltenergie wird vom Himmel herabgerissen durch den modernen Menschen, der sich seine eigene Energiequelle schafft.«

Ebenso entschieden verhielt sich Lissitzky in Fragen der Choreografie und des szenischen Arrangements. Hier vertrat er kompromisslos den reinen, nicht gegenständlichen Suprematismus. Während sein Vorbild Malewitsch bei seinen Entwürfen für die Kostüme der Spieler trotz futuristischen Zuschnitts anthropomorph-figürliche Formen nicht wirklich hinter sich ließ, war El Lissitzky von der Idee besessen, die letzte Technisierung des Spiels voranzutreiben. Er verzichtete gänzlich auf Schauspieler und übertrug deren dramatische Funktion mechanischen Spielkörpern, die er merkwürdig konventionell als »Figurinen« bezeichnete. In der Mappenfolge – die auf der Veranstaltung der Kunststiftung in wunderbarer Hängung zu sehen war – tragen sie die Namen: Ansager, Posten,

Ängstliche, Globetrotter (in der Zeit), Sportsmänner, Zankstifter, Alter (Kopf 2 Schritt hinten), Neuer und Totengräber. Einzig bei der Sportmänner-Figurine lässt sich noch etwas von der Anatomie des menschlichen Körpers erahnen.

Auf dem Titelblatt der Figurinenfolge stellt Lissitzky die von ihm erdachte »Schaumaschinerie« vor: ein freistehendes Gerüst, auf dessen schwebenden Plattformen die Spielkörper, die in den einzelnen lithografischen Blättern skizziert werden, ihren Platz finden und dort agieren sollten. Links oben ist spiegelverkehrt der »Ansager« zu sehen; der »Globetrotter« rollt, um 90 Grad nach rechts gedreht, in einer Bandspirale nach unten; links unter ihm ist der »Totengräber« in einem schwarzen Kreis eingeschlossen; der »Neue« steht rechts oben auf einem flachen Streifen, wie elliptisch umspielt von einem Spruchband, auf dem in roter Schrift zu lesen ist: *Alles ist bien was good nachinesta et hat no finita*. Lissitzkys polyglott-verspieltes Motto, das soviel heißen soll wie: »Alles ist gut, was gut beginnt und kein Ende hat.« Die übrigen Figurinen sind nicht eingetragen. Das bedeutet, dass Lisitzky auf dem im Sinne des szenischen Konstruktivismus entworfenen Titelblatt lediglich einen Handlungsablauf auf der neuen Schaubühne andeutet – und dabei das Geheimnis von Bewegungsenergie und Handlungsmacht der Schaumaschinerie noch nicht lüftet. Es verbirgt sich in der zentralen, aber unsichtbar bleibenden Gestalt des »Schaugestalters«, vergleichbar der Figur eines Regisseurs mit diversen Ingenieursaufgaben, der die komplizierte Maschinerie in Gang halten und die gelegentlich notwendigen Passagen auf mechanisch verstärktem Wege zu sprechen hatte. Ein *Deus ex machina*, der – ganz im Sinn des alten Opernlibrettos – als Symbol für den durch die Technik gottähnlich gewordenen, über die Natur triumphierenden Menschen fungieren sollte.

Die visionäre Idee El Lissitzkys ist szenisch nie realisiert worden. Umso erstaunlicher war es, von den eingeladenen Fachleuten (Dr. Eckhart Gillen, Kunsthistoriker, Kurator und Kenner der bildenden Kunst des russischen Konstruktivismus sowie Sven Holm, Leiter der Opernkompanie NOVOFLOT, die 2013 die Oper *Sieg über die Sonne* in einer ganz anderen Form zur Aufführung brachte) zu hören, dass das kühne Projekt bis in die jüngste Gegenwart keineswegs unbeachtet geblieben ist. Und natürlich war und ist auch für Folker Skulima El Lissitzky kunsthistorisch ein alter Bekannter von bleibender Faszination. 1977 widmete er dem Künstler eine eigene Ausstellung, eine Reminiszenz über mehr als vierzig Jahre, die er mit dem Abdruck der damaligen Galerieeinladung auf der aktuellen Einladungskarte seiner Kunststiftung aufblitzen ließ.

Höhepunkt und zugleich Abschluss des ersten Jahres der Kunststiftung Folker Skulima war die erste Preisverleihung am 12. Dezember 2019, die in den Räumen der Galerie Grisebach stattfand. Jakob Mattner, der von FS bestimmte Preisträger, ist einer der herausragenden zeitgenössischen Künstler mit Sitz in Berlin,

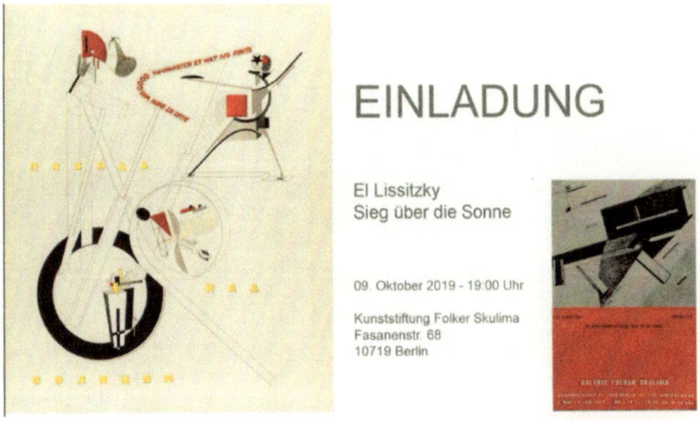

Einladung zur dritten Stiftungsveranstaltung mit dem Thema El Lissitzky

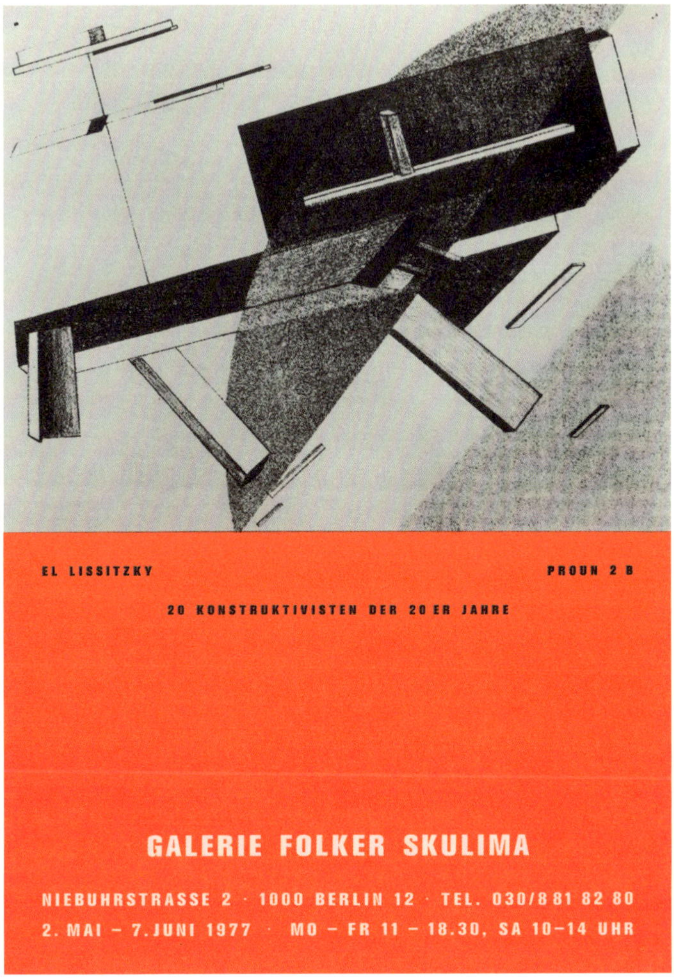

Plakat zur Konstruktivisten-Ausstellung mit *Proun* von El Lissitzky in der Galerie FS 1977

Preisverleihung am 12.12.2019 an Jakob Mattner, 1. Preisträger des von der Stiftung verliehenen Kunstpreises

wo er unter anderem seit vielen Jahren mit der Bühnengestaltung des Internationalen Literaturfestivals betraut und öffentlich präsent ist. Mattner erhielt die Auszeichnung für sein breit gestaffeltes künstlerisches Lebenswerk, das in einer begleitenden Werkschau beispielhaft gezeigt wurde. Die Ausstellung versammelte über 50 Papierarbeiten, Gemälde, Skulpturen und Installationen, die teilweise aus den bedeutenden Privatsammlungen Rudolf Zwirner und Peter Raue stammten. Zur Vernissage erschien nicht nur die Prominenz der Berliner Kunstszene, sondern ein zahlreiches kunstinteressiertes Publikum, wie zum Nachweis, dass die von Folker Skulima getroffene Entscheidung für Jakob Mattner auf einhellige Zustimmung, ja Begeisterung gestoßen ist.

Leitmotiv der Ausstellung ist das Thema der Imagination und des Wechsels der Perspektiven, das zu einer vertieften Auseinandersetzung mit dem Œuvre von Mattner einlädt. Der Betrachter wird ein ums andere Mal ermutigt, die eindimensionale Sichtweise zu verlassen und sich einzulassen auf die Konfrontation zwischen dem Sein des Bildes als Kunstwerk und dem Schein des Bildes als des magischen Wiedergängers der Realität. Inspiriert von der Idee eines Kamera-Innenraumes, der wahlweise als *Camera obscura* oder als *Camera lucida* erlebt werden kann, führt Mattner an die Grenzen der Wahrnehmung, an Orte, wo unser Blick zum Gedanken wird. Verdichtet sich nicht der Eindruck, dem man beim Blick auf die Blätter der *Helios-Negative* (1997) empfängt, zu dem Satz: Ich habe in die Sonne geblickt, und zwar mit offenem Auge? – ein Erleben, ganz nah an der Kleist'schen Empfindung bei der Betrachtung von C.D. Friedrichs *Mönch am Meer*, die dieser in die Worte fasste, es sei so, »als ob einem die Augenlider weggeschnitten wären«.

Schwarzlicht nennt sich eine Serie großformatiger Schwarz-Weiß-Arbeiten. Auf schwarzem Hintergrund wird weiße Farbe geschüttet, gewaschen, getrocknet

und erneut verschüttet. So entstehen Bilder, die auf dunklem Grund rätselhafte weiße Flächen präsentieren, die Fließspuren zeigen und in fransig-filigranen Rändern enden. Was ist in den neuen Formationen zu sehen? Zu nie erblickten Landschaften aufgeschüttetes Licht, kristalline Wellenbewegungen im Spiel der Gezeiten, schlohweiße Gaswolken auf der Sonnenoberfläche. Hier wird mit neuen Methoden der Bilderzeugung experimentiert, die das Sehen und zugleich die Illusion des uneingeschränkten Sehens zum Thema haben. Mattner unterminiert das Urvertrauen des Blicks und damit die Naivität des selbstgefälligen Auges. Als Herr des Lichts fängt er gleißende Helle ein, als Magier einer schwarzen Belichtung wird er umgekehrt zum Lichträuber, der mit dunklen Flecken, mit Schatten und Brandmalen hantiert – aber nicht zum Scherz. Hier agiert ein prometheischer Lichtbringer, der seinen Raub (ganz so wie der antike Heros das geraubte Feuer im hohlen Stängel eines Fenchels) notgedrungen für eine Weile verbirgt, um das Fest einer neuen Illumination vorzubereiten.

Das Aufschlagen des Vorhangs einer schwarzen Leere und damit die Einladung zu einer Neubelichtung geschehen bisweilen in einem Nu. Ein Spot an der Raumdecke wirft die Abbilder kunstvoll verbundener Glasplatten, Elemente einer kristalloiden Installation, als Kreis, Viereck und Ellipse an die Wand, wo sich diese ephemeren geometrischen Formen zu einer unangreifbaren *Fata Morgana* zusammenschließen. Wiederum fängt Mattner, ein Virtuose der Inszenierung, mit einfachsten Mitteln Licht ein. Auch bei den Goldscheiben der Serie *Der ferne Klang* (2015) ist der Abstand zwischen Aufwand und Wirkung enorm. Die goldenen Scheiben, die wie Monde im geliehenen Licht der Sonne leuchten, entführen den Betrachter in die unendlichen Weiten des Universums. Dabei zeigt der Künstler abstrakte Kompositionen aus Schellack und Acryl auf extrem dünnem Papier.

Mattner arbeitet hier mit Lochplatten, den frühen Tonträgern für mechanische Musikapparate, deren gestanzte Löcher an die Krater und Narben der Mondoberfläche erinnern, – aber auch an kulturelle Bildträger wie die Himmelsscheibe von Nebra. Diese ca. 4.000 Jahre alte irdische Scheibe zeigt astronomische Phänomene und religiöse Symbole, das Wissen und die Mythen einer frühen Epoche der Menschheit. Was dort durch die sphärische Weite der Zeit erklingt, das ist der Grundklang des Mattnerschen Werks, das als ein *Echoraum* (so der Titel einer Serie von Wachsbildern) verstanden werden will.

Für denjenigen, der die Klänge und Anklänge der Arbeiten von Mattner, verstärkt durch den Resonanzboden der Ausstellung, in sich aufnimmt, ist es keine Überraschung, dass der Künstler in den Jahren 2003 bis 2005 mit Astrophysikern des Sonnenobservatoriums Einsteinturm in Potsdam zusammenkam. Unter dem thematischen Rahmen »Der Blick in die Sonne« wurde ein Dialog zwischen Kunst und Wissenschaft eröffnet, bei dem imaginäre und beobachtete Bilder einer unvorstellbaren Ferne aufeinander trafen. Bilder, die *a prima vista* eine große Ähnlichkeit und Verwandtschaft erkennen ließen. Mattner hat in einem Interview hervorgehoben, dass seine Neugier vor allem den Archiven galt, wo er die Werke der Astronomen aus dem 17. Jahrhundert studieren konnte. Der Künstler fühlte sich offenbar instinktiv den alten Sternguckern verbunden, Astronomen, die zugleich Astrologen waren; Menschen, die sich in ein persönliches Verhältnis zum Universum gesetzt hatten und für die der Vorrang und die Einflussnahme des Kosmos außer Frage standen – und die gewiss jenem unbekannten Künstler, der (mutmaßlich in Abstimmung mit den Schamamen seiner Zeit) die Himmelsscheibe von Nebra geschaffen hat, Respekt gezollt hätten.

Dürfen wir soweit gehen, Mattner in diese Reihe zu stellen, und seine Kunst im Zeichen einer ptolemäischen Weltbefangenheit würdigen? Das wäre kein Rückschritt, sondern ein Stück Dialektik der Aufklärung. Wie dem auch sei. Vieles spricht dafür, dass sich die galaktisch anmutenden Lichtarbeiten Mattners nicht wirklich auf die Raum-Zeit des Universums beziehen, sondern den Belangen der Irdischen, den sterblichen Menschen zugute kommen sollen. Bei ihnen dreht sich alles um die Erde. Sind sie nicht erhellende Lichtblitze in düsterer Zeit, die wir gerade noch ertragen – der Anfang des Schrecklichen in Gestalt des Schönen?

Beispielhaft wären hier die Arbeiten zu der Serie *Der Blinde Fleck* (1995) zu nennen, die Mattner für das von der Zeitschrift *Lettre International* initiierte Projekt »Hommage à Sarajevo« geschaffen hat. Zu sehen sind ältere Fotografien in Schwarz-Weiß, die touristische Motive von Bosnien-Herzegowina zeigen: Brückenbögen über schroffe Schluchten, dümpelnde Boote in einem Hafen, zum Trocknen aufgehängte Fischleiber, Skifahrer in einer sanften Winterlandschaft. Die Mitte dieser Bilder hat der Künstler mit einer dunklen kreisförmigen Fläche besetzt. Der

DIE DONNERSTAGS-KOLUMNE VON PETER RAUE

Kunstpreis für Demokratie

Vor acht Tagen wurde in Berlin erstmals ein neuer Kunstpreis vergeben. Der ausgewählte Künstler wird mit einer großartigen Ausstellung in der Galerie Grisebach in der Fasanenstraße und einem Preisgeld von 20 000 geehrt. Vergeben wurde und wird dieser Kunstpreis ab jetzt jährlich von der „Kunststiftung Folker Skulima". Der Namensgeber dieser Stiftung wurde 1940 in Heidelberg geboren. Seit 50 Jahren in Berlin lebend, hat er diese Stiftung vor einem Jahr gegründet. Sie verfolgt den Zweck „die Bedeutung von Kunst und Kultur in einer demokratischen, freien und globalen Gesellschaft zu stärken". Mit der Gründung dieser Stiftung und mit der Vergabe dieses Preises krönt Folker Skulima sein Leben und seinen Ruf als Galerist, Sammler und Vermittler zeitgenössischer Kunst. Er hat mit seinen Ausstellungen – zunächst in seinen Räumen in der Fasanenstraße 68, später in seiner Galerie in der Niebuhrstraße – entscheidend dazu beigetragen, dass Berlin eine Metropole für zeitgenössische Kunst wurde. Er hat mit Andy Warhol seine Ausstellungstätigkeit begonnen, mit heute weltberühmten Künstlern wie Cy Twombly, Jannis Kounellis und Mario Merz (die Künstler, die ich hier nenne, sind alle zwischenzeitlich verstorben) seine Tätigkeit fortgesetzt. Auch die Avantgarde der Vergangenheit wie Marcel Duchamp, Max Ernst, die Berlinerin Hannah Höch hat er immer wieder ausgestellt und vermittelt, wobei er oft die besten Arbeiten für sich behalten und sie jetzt in die Stiftung eingebracht hat. Eine Sammlung von Meisterwerken des XX. Jahrhunderts! Folker Skulima ist der Präsident der Stiftung; er entscheidet, welche Veranstaltungen in den Stiftungsräumen – gegenüber seiner Wohnung in der Fasanenstraße 68 – stattfinden. Er hat auch entschieden, dass Jakob Mattner der erste Preisträger werden soll. Eine Entscheidung, die zu recht auf einhellige Zustimmung, ja auf Jubel gestoßen ist. Jakob Mattner, 1946 in Lübeck geboren, lebt seit Jahrzehnten in Berlin und gehört zu den herausragenden zeitgenössischen Künstlern, dessen Arbeiten in fast allen Ländern Europas, in Russland, in den USA und Südamerika erfolgreich ausgestellt wurden und jetzt von der Galerie Haas betreut werden. Seine Lichtskulpturen, seine Sonnen-/Mondbilder unter dem Titel „Der ferne Klang" verzaubern Betrachter und Sammler ebenso wie die Bühne, die er für das Literaturfestival Berlin eingerichtet hat. Die Ausstellung ist von faszinierender Schönheit und noch bis zum 31.01.2020 zu sehen.

Kultur-Experte Peter Raue

Artikel von Peter Raue in der *BZ*, 19.12.2019

schwarze Kreis verstellt dem Betrachter den Zugang zur Darstellung; nur noch die Ränder des Fotografierten erreichen ihn. Es ist, als hätte die dargestellte Landschaft Licht und Leben verloren, als trüge sie über einer Wunde eine Augenklappe. Die serielle Wiederholung dieser verstörenden Geste evoziert die Gefahr eines Einschlages, eines schwarzen Beschusses. So eröffnet die dunkle Belichtung einen Abgrund. Der blinde Fleck mutiert zu einer Sonnenfinsternis, die um das sich füllende Dunkel nur noch einen schmalen Lichtstreifen frei lässt. Das Bild einer von Menschenhand erzeugten mehrdeutigen Korona. In die Tiefe des Lochs imaginiert das visuelle Unbewusste einen Schusskanal, der im Feld des Imaginären zu einem Tunnel wird, mit Licht an seinem Ende. Hier ist eine Himmelsverdüsterung aufgezogen, aber die Begierde nach Rettung nicht ausradiert. Mattner greift »zu einer großen Metapher aus der Quelle der Natur, um die Maßlosigkeit der Verwirrung einer historischen Tragödie anzudeuten« (Frank Berberich).

Gerade mit seinen foto-poetischen Arbeiten hat Mattner einen singulären, existenziellen Freiraum geschaffen, dessen Atmosphäre inspiriert und belebt. In der Galerie Grisebach von Diandra Donecker begrüßt, geehrt durch den Freund Peter Raue, gefeiert durch den Laudator Hubertus von Amelunxen, wurde der Preis der Kunststiftung Folker Skulima vom Stifter an eine wahre Künstlerpersönlichkeit verliehen. »Ihn auszeichnen zu dürfen, macht uns glücklich. Geben wir doch, um zu erhalten.« Was für ein Schlusswort, was für ein Auftritt. Seit nahezu einem halben Jahrhundert unterwegs in Sachen Kunst, ist Folker Skulima in neuer Mission weiterhin präsent – als das freie Radikal der Berliner Kunstszene, alterslos, jung im Herzen, reich an Erfahrung und immer noch bereit, Menschen über Kunst zu verbinden.

Galerie
Folker Skulima

D-1000 Berlin 15
Fasanenstraße 68

Tel. (030) 881 82 80

Stand No. 15.247

Ausstellungen seit 1969

Andy Warhol
Gilbert & George
Marcel Broodthaers
Lawrence Weiner
David Tremlett
Daniel Buren
Cy Twombly
Robert Ryman
Tony Morgan
Jannis Kounellis
Albert Irvin
Sol Lewitt
Frank Stella
Carlo Alfano
Christian Boltanski
Dieter Ruden
Ekkat Kaemmerling
Ron Cooper
Mario Merz
Pier Paolo Calzolari
Giulio Paolini
Wolfram Erber
Gilbert & George
Jasper Johns
Joel Fisher
Zvi Goldstein
Jannis Kounellis
Carlo Alfano
Michael von Biel
Laszlo Lakner
Andre Cadere
John Baldessari
Sarkis
Josef Erben
Daniel Buren

536

Doppelseite mit der Abbildung von Mi casa tu casa aus dem Katalog zur *Art Basel*, 1975

mi casa tu casa

Ausstellungen seit 1969

Andy Warhol
Gilbert & George
Marcel Broodthaers
Lawrence Weiner
David Tremlett
Daniel Buren
Cy Twombly
Robert Ryman
Tony Morgan
Jannis Kounellis
Albert Irvin
Sol Lewitt
Frank Stella
Carlo Alfano
Christian Boltanski
Dieter Ruden
Ekkat Kaemmerling
Ron Cooper
Mario Merz
Pier Paolo Calzolari
Guilio Paolini
Wolfram Erber
Gilbert & George
Jasper Johns
Joel Fisher
Zvi Goldstein
Jannis Kounellis
Carlo Alfano
Michael von Biel
László Lakner
André Cadere
John Baldessari
Sarkis
Josef Erben
Daniel Buren
The 1st picture show
Glen Onwin
Koichi Ono
Irma Blank
Edward Kienholz
László Lakner
20 Konstruktivisten
Robert Michel
Von Duchamp bis Schwitters.
David Leverett
Alain Lemosse
Maler der Farben:
Norman Bluhm,
Sam Francis, Albert Irvin.
Robert Wilson
Miguel Condé
Alexis Akrithakis
Gotthard Graubner
Internationale Avantgarde
George Rickey
Wegbereiter im 20. Jh.
Josef Albers
Marcel Broodthaers
David Novros
Gallery Artists
New Acquisitions
Wolfram Erber
Jean Fautrier
Zyklen
Max Ernst
Georges Hugnet

Gianni Dessi
Jim Sullivan
K.H. Hödicke
Joan Miró
Ella Bergmann-Michel
Jannis Kounellis
Georg Baselitz
K.H. Hödicke
Helmut Middendorf
Emil Schumacher
Christian Hasucha
Barfuss, Chevalier, Fetting.
Jaume Plensa
K.H. Hödicke
Klaus Karl Mehrkens
Robert Michel
Erwin Bohatsch
Leiko Ikemura
Helmut Middendorf
Pizzi Cannella
Gianni Dessi
Rosemarie Trockel
Christian Hasucha
Le Corbusier
Jeff Beer
Mark Kostabi
Roland Köhler
Markus Lüpertz
Summer: Bohatsch, Hödicke,
Köhler, Lüpertz, Smith,
Wachweger.
John Noel Smith
Erwin Bohatsch
K.H. Hödicke
Georges Rouault
Gianni Dessi
Pizzi Cannella
Senza Titolo: Bianchi, Cannella,
Ceccobelli, Dessi, Gallo, Nunzio,
Tirelli.
William Turnbull
Klaus Karl Mehrkens
Helmut Middendorf
Christian Hasucha
Jeff Beer
K.H. Hödicke
Erwin Bohatsch
John Noel Smith
Leiko Ikemura
Gotthard Graubner
Jaume Plensa
Jack Gibert
Attersee
Sergej Volkov
Marco Tirelli
Jan Haftström,
Olav Christopher Jenssen,
Jukka Mäkelä, Arvid J. Pettersen.
Accrochage
Pizzi Cannela
“Grand Format”
Mark Innerst
Gerhard Richter

Paris Bar Berlin, Ausstellung in der Pariser Galerie Artcurial, 1991

BERLIN
Paris Bar
BROODTHAERS
HÖDICKE
TOTE
KIPPENBERGER
BARFUSS
KOUNELLIS
BASELITZ
GRAUBNER
BÜTTNER
SPOERRI
LÜPERTZ
PENCK
ARTCURIAL

BILDNACHWEIS

Die Aufnahmen in diesem Band
stammen von folgenden Fotografen:
Klaus Bandelin
Torben Belger
K.H. Hödicke
Hermann Kiessling
Ingeborg Lommatzsch
Ulla Pietzsch
Hilke Skulima
Jan Sobottka
und
Archiv Skulima

IMPRESSUM

Edition Braus Berlin GmbH
Prinzenstraße 85
10969 Berlin
www.editionbraus.de

Grafische Gestaltung: Peter Nils Dorén, Berlin
Lektorat: Frauke Berchtig, Berlin
Reproduktionen: bildpunkt Druckvorstufen GmbH, Berlin
Druck und Bindung: Grafisches Centrum Cuno, Calbe

Die Deutsche Nationalbibliothek verzeichnet diese
Publikation in der Deutschen Nationalbibliografie;
detaillierte bibliografische Daten sind im Internet über
http://dnb.d-nb.de abrufbar.

ISBN 978-3-86228-211-1

Umschlagabbildung:
FS in den Räumen der Kunststiftung, 2019
Foto: Jan Sobottka

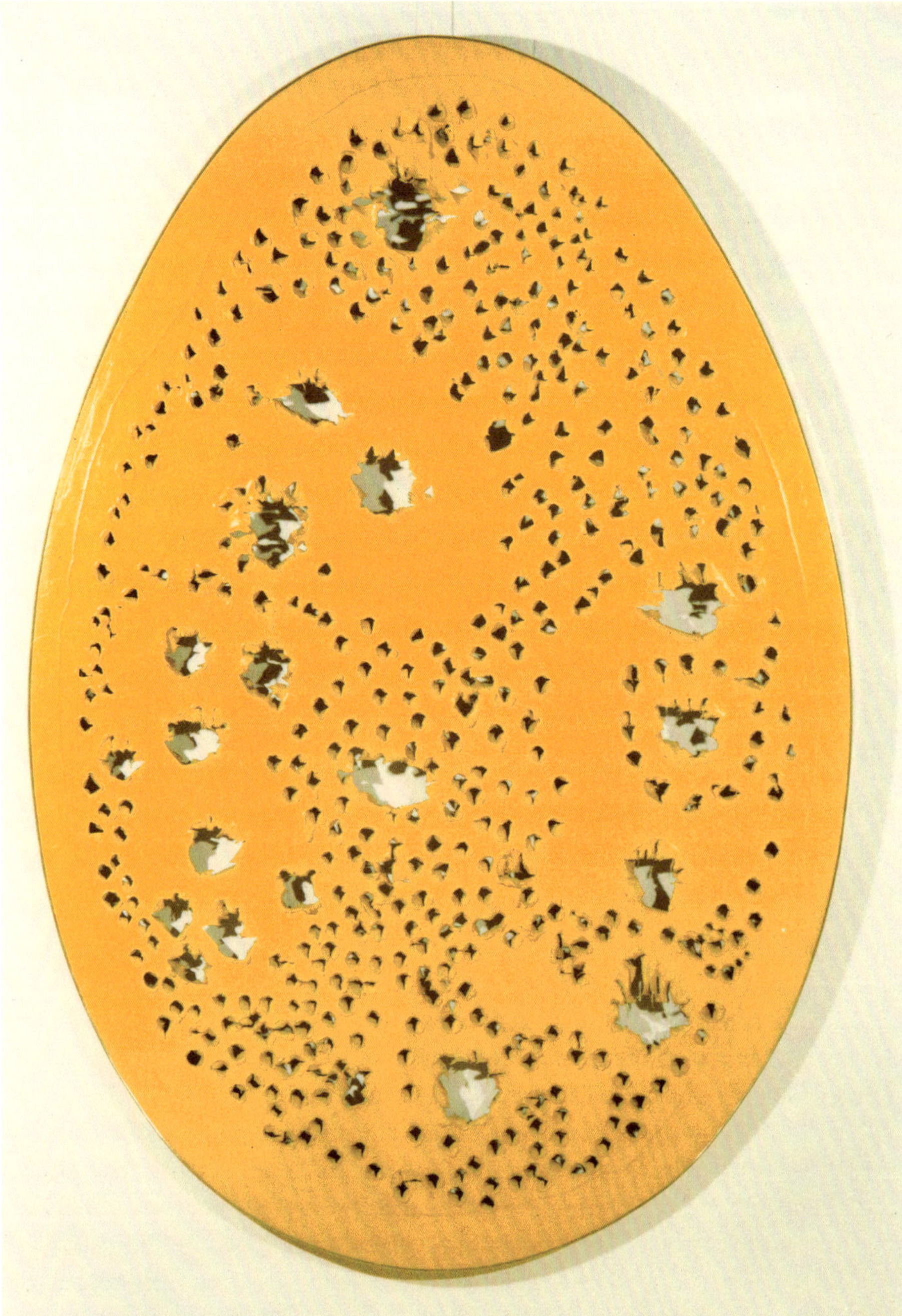

Lucio Fontana, *La fine di Dio*, 1964